Zu diesem Buch

Erfolgreich sein, einen befriedigenden Beruf und ein erfülltes Privatleben miteinander vereinen, wer möchte das nicht? Und dennoch – viele verharren auf dem einmal eingeschlagenen Weg, richten ihre Erwartungsskala nach unten aus und resignieren.

Da kommt Gerhard Krauses Buch gerade recht. Seine klar gegliederte, leicht nachvollziehbare «Anleitung zum Erfolg» enthält eine Fülle von mutmachenden Anregungen, wertvollen Denkanstößen und praktischen Tips, wie man die Zuversicht in die eigene Kraft wiedergewinnt.

Außerdem ist lieferbar:

«Alkoholismus. Ein Ratgeber» (rororo 7449)

Gerhard Krause

Positives Denken –

der Weg zum Erfolg

13 Bausteine
für ein erfülltes Leben

Rowohlt

28.–32. Tausend April 1989

Umschlagentwurf Heinz Waldvogel
Dieses Buch erschien unter dem Titel «Manage dich selbst»
beim Verlag Neue Betriebswirtschaft Heidelberg und wurde
für die Taschenbuchausgabe vom Autor überarbeitet.

Veröffentlicht im Rowohlt Taschenbuch Verlag GmbH,
Reinbek bei Hamburg, Dezember 1985
Copyright © 1985 by Rowohlt Taschenbuch Verlag GmbH,
Reinbek bei Hamburg
Satz Trump Mediaeval
Gesamtherstellung Clausen & Bosse, Leck
Printed in Germany
980-ISBN 3 499 17952 0

Inhalt

Vorwort

Positives Denken – der Weg zum Erfolg

ist ein Buch, das eine Änderung Ihres Denkens in positive Richtung bewirken möchte. Ihrem individuellen Wunsch nach Erfolg wird Rechnung getragen. Es erwartet Sie eine Fülle von Erfolgsrezepten. Und doch werden Sie letztlich erkennen, daß nur Sie über Ihren ganz persönlichen Erfolg entscheiden!

Der Inhalt bietet wertvolle und vor allem anwendbare Hilfen an. Im Grunde ist es nicht neu für den Menschen, wenn man ihm sagt, wie er erfolgreich werden könnte. Denn jeder besitzt die notwendigen Talente und bekommt Möglichkeiten geboten. Es gilt, sie nur zu entdecken und aufzuzeigen. Es ist wie mit einem Reporter. Er meldet seiner Zeitung zwar Neuigkeiten, aber sein Bericht gibt dennoch bereits Geschehenes wieder.

Ängstlich scheut der Mensch davor zurück, neue Erfahrungen zu sammeln. Lieber bleibt er auf dem bekannten und vertrauteren Weg. Dieser scheint problemloser zu verlaufen. Doch unsere Zukunft wird durch die Qualität unserer Gedanken von heute gestaltet!

Wir leben in einer Zeit der Wissensexplosion. Was aber wissen wir über uns – über das eigene Ich? Zwar legen wir Wert auf möglichst gute Kleidung, auf eine vorzeigbare Verschalung unseres Körpers. Dafür scheuen wir keine Investition. Was dagegen ist uns die Innenseite unseres Körpers wert? Wie hoch ist Ihr persönlicher Ausbildungswert, Ihr Geschäftswert? Kennen Sie Ihren Marktwert? Wir lernen und bauen uns dadurch jeweils eine höhere Plattform. Was resultierte aus dem Lernprozeß? Im Alter von sieben Jahren konnten wir lesen. Durchschnittlich mit fünfundzwanzig Jahren verdienen wir den Lebensunterhalt für die eigene Familie. Aber mit fünfundsechzig Jahren haben die meisten Menschen noch nicht erlernt, finanziell unabhängig zu sein. Der Hintergrund dieser erschreckenden Bilanz enthält die

Tatsache, daß das Individuum nicht selbständig genug denkt und entscheidet. Ebensowenig denken wir über unsere enormen Fähigkeiten, die effektiv sind, nach. Sie kommen nur durch den Einsatz zur Geltung. Dem Urwunsch nach Lebenserfolg wird nicht bewußt genug nachgegeben. Der englische Dichter Alexander Pope sagte: «Das richtige Studium für den Menschen ist der Mensch.» Dieses Studium ist zugleich auch das wichtigste.

Der Mensch in seiner komplizierten Machart, besitzt als Besonderheit in seiner Natur großartige Fähigkeiten. Leider erinnert er sich selten solcher Fähigkeiten oder erkennt nicht deren Wert. Dennoch vermietet er sie täglich beispielsweise in seiner Arbeit. Er stellt sie zur Verfügung und setzt sie engagiert ein. Quasi als tragende Zugabe zu seinen sonstigen Vor- und Nachteilen, die er sonst noch zu bieten hat. Der Mensch vermietet sich pauschal, inklusive seiner Kraft in der Auswirkung. Er tut dies vorbehaltlos und bietet sich mit all seinen Oberflächlichkeiten, aber auch inneren Möglichkeiten an. Einschließlich seiner Gedanken. Ebenfalls in die Leistungen eingeschlossen ist seine Kreativität.

So läßt sich der Mensch mieten, kaufen oder verkaufen. Bis hin zu seinem sechzigsten oder fünfundsechzigsten Lebensjahr. Dann folgt der berufliche Abschied und dieser nunmehr müde Mensch wird in vorgespiegelter Großherzigkeit mit einer vielleicht goldenen Uhr abgefunden. Für lange Jahre aufopfernder Dienstbereitschaft.

Nicht das System – das freilich seine Chancen zu bieten hat – wird kritisiert. Sondern die Trägheit, mit der man sich in diesem System bewegt. Der altrömische Philosoph Seneca bemerkte: «Was hat dieser Mann von seinen achtzig Jahren, die er in Trägheit hingebracht hat? Ein solcher Mensch hat nicht gelebt, sondern sich nur im Leben aufgehalten, und er ist nicht spät gestorben, sondern lange.»

Gebrauchen Sie Ihren Verstand – dieses gewaltige Potential. Würde man Ihr Gehirn in Form eines Computers nachbauen, wäre dieses Gerät nach dem heutigen Stand der Technik größer als das Empire State Building in New York und müßte mit allen Wassern der Niagarafälle gekühlt werden. Der Mensch kann seine Gliedmaßen nutzbringend einsetzen. Er kann Logik oder Unlogik seines Tuns aufdecken. Eine Maschine, die derartige Leistungen liefern könnte, würde gegenwärtig schätzungsweise vierzig Millionen Mark kosten.

Wir sind leistungsfähig und suchen eben durch die Leistung das Erfolgserlebnis. Niemand sucht direkt den Mißerfolg. Und doch wirft eine Statistik Fragen auf:

Was ist aus hundert Menschen mit fünfundsechzig geworden?

Einer	reich	
Vier	finanziell unabhängig	} 5%
Fünf	arbeiten noch	
Sechsunddreißig	sind tot	
Vierundfünfzig	mittellos.	

Summarisch betrachtet, bleibt den meisten Menschen – bis auf fünf Prozent – wirtschaftlicher Erfolg versagt. Mißerfolg ist auf negatives Denken zurückzuführen. Mißerfolgler blicken rückwärts statt vorwärts. Sie schließen sich falschen Vorbildern an. Oft werden Gelegenheiten nicht erkannt oder nicht genutzt. Und nicht einmal die durchschnittlich 4,8 Jahre, die der Mensch nach seiner Pensionierung noch zu leben hat, können sorgenfrei gelebt werden. Es wird dem Zu-spät-Status entgegengelebt.

Dabei ist die Fülle vom Leben vorgegeben. Die meisten von uns verhalten sich jedoch zu schüchtern und unangebracht anspruchslos. Sie wagen nicht, diese Fülle zu beanspruchen. Doch dieses Wagnis muß eingegangen werden. Es erlaubt uns dafür, gut zu leben. Eigene Aktivität zahlt sich aus. Es ist unverantwortlich, andere für uns denken zu lassen. Denken wir selbst!

Viele Menschen betreiben bereits in jungen Jahren geistigen Suizid. Sie handeln ohne zielgerichtetes Denken. Sie lassen sich treiben. Wem ist es je gelungen, seinem Glück passiv entgegenzutreiben? Glück und Erfolg müssen bewußt angesteuert werden, sonst erreicht man beides nie.

Der Drang nach Glück und Erfolg ist natürlich. Jeder Mensch möchte glücklich sein, möchte Erfolg haben. Nur wenigen aber gelingt das. So muß versucht werden, eine Änderung des unerwünschten Zustandes – grundsätzlich des Denkens – in kreativer und konstruktiver Richtung herbeizuführen. Setzen wir unsere Energie gezielt ein. Denn der Mißerfolg kostet ebensoviel Kraft wie das Streben nach Erfolg!

Die Themen dieses Buches werden Bausteine genannt, Bausteine, die Ihrem Selbstaufbau, Ihrer Persönlichkeitsentwicklung dienen. Denken Sie über die Themen nach, und Sie werden über sich selbst nachdenken. Dies zu tun, ist unbedingte Voraussetzung. Ein Wort lautet: «Wir müssen bereit sein zu hören, um zu wachsen. Hören wir nicht mehr, lernen wir nicht mehr und gehen im Kreis!» Albert Einstein sagte einmal: «Würde unser Leben vom Gewinnen eines Schachspiels abhängen, würden wir es als geringste Pflicht ansehen, die Namen der Figuren zu lernen und wie man sie einsetzt. Der Lebenserfolg hängt von der Beherrschung der Regeln des Lebens ab.» Und: «Ich habe nie einen Menschen getroffen, von dem ich nicht hätte lernen können.»

Dieses Buch will Sie veranlassen, sich selbst zu erkennen und über sich nachzudenken. Es zeigt Ihnen Wege auf, wie man sich Ziele setzt und danach handelt. Der Lebenskampf erspart Ihnen nicht, daß Sie sich Kraftproben zu stellen haben. Ihr Selbstbewußtsein wird davon profitieren.

Das Leben ist ein großer Markt. Und Sie sind Verkäufer, immer. Und Ihr wichtigstes Geschäft ist herauszufinden, wie Sie sich bestmöglich verkaufen können. POSITIVES DENKEN – DER WEG ZUM ERFOLG hält Bausteine für Sie bereit. Dieses Buch wurde unter dem Eindruck einer starken, aufbauenden Lebensphilosophie geschrieben – einer Philosophie, die handeln lehrt und nicht verschweigt, daß man mit Sinnigkeit allein nicht weiterkommt. Wenn Sie die Erfolgsregeln beherzigen, kann der Erfolg nicht ausbleiben. Wichtig dabei ist, auf dem einmal gewählten Weg zu bleiben.

Dieses Werk vermag Sie anzustoßen. Doch laufen müssen Sie selbst.

Gerhard Krause

Lebenszweck

Sinn des Lebens

Um mein Leben klar formulieren zu können, muß ich erst nach dem Sinn fragen, der in den Stunden, Wochen und Jahren steckt.

Wir tasten uns oft wie blind und taub voran. Nicht selten vergessen wir sogar den «Blindenstock», der uns ein wenig helfen könnte, die Ecken und Stufen zu erkennen. Jene Hindernisse auf unserem Lebensweg, die unweigerlich vorhanden sind. Wir stoßen uns an ihnen und empfinden Schmerz. Und zähneknirschend mogeln wir uns ein Stückchen weiter in diese unangenehme Dunkelheit. Wie können wir so jemals den großen Schritt in die erlösende Helle – dem Ziel entgegen – schaffen?

Jeder von uns stellte sich wohl schon die Frage nach dem Sinn des Lebens. Doch war diese Frage meist nur rhetorisch geartet. Eigentlich erwarteten wir nicht ernsthaft eine Antwort darauf. Allein diese Überlegung beweist, daß wir den Motor namens Lebenszweck zwar besitzen, jedoch nicht angeworfen haben. Wir nutzen jene Antriebskraft, die wir Motivation nennen, nicht. Obwohl sie in jedem von uns schlummert.

Was ist das nun, der Lebenszweck? Weshalb leben wir? Die Frage nach dem Sinn und Zweck des Lebens ist wichtig. Sie betrifft uns zutiefst und erfordert eine kompromißlose Selbstbefragung und ehrliche Selbsterkenntnis.

Selbst dem Tier genügt es nicht, nur zu existieren, bloß dahinzuvegetieren. Es erfüllt eine bestimmte Funktion. Eine eingegebene Funktion, die sich ständig den Aufgaben stellt. Ein Mensch ohne ein bewußt angesteuertes Lebensziel ist wie ein Stück Holz, das sich treiben läßt, treiben lassen muß, wohin es das Schicksal verschlägt. Dennoch wird sogar ein Stückchen Holz – wenn es nicht irgendwo verfault – eines Tages an Land gespült und beispielsweise ins Feuer geworfen, um Lebewesen Wärme zu spenden. So erfüllt es einen guten Zweck.

Dasselbe Stück Holz könnte auch – geschnitzt als herrliche Figur – in einer Kirche stehen und einen Engel darstellen – wie Kinder ihn sich vorstellen. Es könnte Augen zum Leuchten bringen und die Phantasie anregen. Schlummernde Gedanken könnten geweckt werden, und Menschen könnten sich herausgefordert fühlen, sich mit Hilfe dieses Blickfangs Gott zuzuwenden. Unser Stückchen Holz könnte also in der Erinnerung vieler Menschen als etwas Besonderes einen Platz auf erhöhter Ebene einnehmen und zur Huldigung dessen beitragen, der es einmal gewollt hat.

Doch dieses Holz hat keine Seele wie der Mensch, hat keine Gedanken, die sich verwirklichen lassen. Wir Menschen besitzen diese Kraft. Es gilt sie zu entdecken und zu gebrauchen.

Marc Aurel sagte: «Das Leben eines Menschen ist das, was er daraus macht.» Das ist sehr wahr. Doch es genügt nicht, diese Erkenntnis als die eigene anzunehmen und nur zu akzeptieren. Sie müssen sich zunächst den Standpunkt aneignen: «Ich werde meinen Platz im Leben suchen, und es soll der beste sein.» Dies sollte Ihr erster Vorsatz sein. Sodann stecken Sie sich Ziele, die Ihr Leben als sinnvoll erweisen werden. Das aber können Sie erst, wenn Sie sich über Ihren persönlichen Lebenszweck klargeworden sind.

Der Architekt des Universums hat nichts gebaut, das nicht seinen Sinn hätte. Alles hat seinen Sinn! Allerdings wird dieser Sinn selten sofort oder überhaupt nicht erkannt.

Wird nicht von vielen Menschen bereits der Tagesablauf als monoton empfunden und deshalb alles Geschehen diesem müden Eindruck unterworfen? Neunzehn von zwanzig Befragten antworteten auf die Frage, warum sie morgens aufstehen und arbeiten: «Weil alle es tun!» und darin schwingt mit: «Weil es notwendig ist! Wovon sollte ich sonst leben?» Solchem Leben fehlt es an höheren Zielen, an einem wahren Sinn. Diese Einstellung beweist, daß die Frage nach dem Lebenszweck unterdrückt wurde.

«Ich bin ja nicht allein. Die anderen Leute – meine Nachbarn, Freunde, Arbeitskollegen, alle die ich kenne, sind so wie ich!» In solchen Worten drückt sich unterschwellig aus, daß das Leben als einzige Verzweiflung empfunden wird, als Qual ohne jeden Sinn. Die wenigen kleinen Annehmlichkeiten, die man sich wiederum bitter genug verdienen mußte, vermögen nicht über das bohrende Verzweiflungsgefühl hinwegzutäuschen, das den Menschen langsam vergiftet. Ein freudloser Gesichtsausdruck demonstriert deutlich diesen Zustand.

Im Alter kommt die Erkenntnis zu spät. Fragt man sich erst dann, was man aus seinem Leben gemacht hat, so werden auch Nachbarn und Freunde nicht zur Wendung beitragen können oder wollen.

Onassis war einer jener Menschen, die vielbeachtet und vielbeneidet waren. Er und viele andere, die als Verkörperungen überaus erfolgreicher Menschen galten, mußten resümierend feststellen, im Endeffekt ein wenig sinnvolles Leben verbracht zu haben. Geld macht selten den Sinn des Lebens aus. Auch wenn die Jagd danach diese Wahrheit vergessen lassen kann.

Der Lebenszweck ist die Erkenntnis über den Sinn des Lebens, auf der die Zielsetzung aufbaut. Es gibt keine gesunde Zielsetzung ohne den vorangegangenen Wunsch. Ein Traum wird formuliert.

Ich werde mich nun fragen, was mein Lebenszweck ist. Mein persönlicher Lebenszweck, der ausschließlich durch mich zur Verfügung gestellt werden kann. Es ist gut, sich in einer Welt voller Abhängigkeiten etwas Eigenes aufbauen zu dürfen. Etwas, das nur Ihnen gehört.

Versuchen Sie, destruktive Einflußbereiche zu meiden. Lösen Sie sich von Gedanken, die verhindern könnten, einen echten Lebenszweck zu finden. Was könnte ein Lebenszweck sein? Ein Haus oder ein Auto?

Sie wissen, daß der Lebenszweck den Grund darstellt, weshalb Sie leben. Ein Haus kann zusammenstürzen, wird irgendwann einmal nicht mehr sein. Ist das wirklich alles, was ich vom Leben erwarte, wofür ich lebe?

Oder ein Auto, zusammengeschweißtes Blech, das mir bestenfalls und kurzzeitig eine Art billiges Glücksgefühl vermitteln kann, wenn ich damit über die Straßen flitze. Ein Fahrzeug, das nachher schon bewegungsunfähig sein kann. Und das nur deshalb, weil sich irgendwo im Gewirr der Kabel und Teile – deren Ordnung der Mensch begreifen kann – ein simples Drähtchen lockerte. Nein, dafür lebe ich nicht. Das kann nicht mein Lebenszweck sein. Was dann?

Denken Sie nach. Beziehen Sie in Ihre Überlegungen die Frage mit ein, was «danach» kommt. Wie weit reicht Ihr Lebenszweck? Kann er Sie tatsächlich ein Leben lang begleiten?

Grundsätzlich sollten Sie beantworten können, ob Sie Ihr gesamtes Lebensspektrum für sinnvoll halten. «Nein» ist rasch und oft unbedacht gesagt. Prüfen Sie Ihre Einstellung genau.

Vielleicht leisten Sie bereits etwas, was Sie hervorhebt. Etwas, was für einige Mitmenschen Anlaß und Grund ist und sein wird, Sie in die Reihe nennenswerter und beachtenswerter Persönlichkeiten einzuordnen?

Wer kennt nicht die Geschichte der Florence Nightingale, die sich durch großen pflegerischen Einsatz uneigennützig in den Dienst der Nächstenliebe stellte. Doch bewähren kann sich jeder auf seine Art, nach seinen persönlichen Ambitionen, Fähigkeiten und Möglichkeiten. Gelegenheiten gibt es genügend.

Eigenschaften des Lebenszwecks

Wie sollte Ihr Lebenszweck beschaffen sein?
1. Solide und erreichbar
2. Lohnenswert
3. Vorstellbar und klar
4. Anderen Menschen nützlich
5. Anspruchsvoll
6. Motivierend
7. Den Talenten und Fähigkeiten entsprechend.

Zu 1.: Ihr Lebenszweck sollte nicht in utopischen Regionen angesiedelt werden, sondern erreichbar sein. Nehmen Sie eigene Zweifel ernst. Setzen Sie klare Überlegungen dagegen. Die Forschung nach dem Sinn ist bedeutungsvoll genug, um Solidität erwarten zu können.

Zu 2.: Könnte Sie der Gedanke, nur eine Gehaltsstufe weitergekommen zu sein, auf Dauer motivieren? Setzen Sie sich lohnenswertere Ziele. Bedenken Sie dabei, daß sich der Sinn des Lebens nicht nur in Mark und Pfennig ausdrückt.

Zu 3.: Die Präzisierung Ihres Lebenszwecks ist notwendig. Aus vagen Angaben können Irrtümer und Mißverständnisse entstehen. Das können Sie vermeiden. Ein klarer Vorsatz gestattet nicht, späterhin an eintreffende Ereignisse beliebig Zugeständnisse und Korrekturen anzuhängen. Ihr Ziel ist zweckmäßig gestaltet und fixiert worden. Danach gehen Sie vor! Eine spätere Verschiebung der aktuellen Situation sollte dieses Bild nicht verwischen können.

Zu 4.: Wir leben nicht allein auf einer Insel. Wir sollten uns der Abhängigkeit von anderen Menschen bewußt sein. Daraus resultiert die Pflicht, unsere Haltungen und Handlungsweisen rücksichtsvoll zu gestalten. Wir müssen in unsere Denkungsweise das Los anderer mit einbeziehen.

Zu 5.: Sie gestalten Ihren Lebenszweck anspruchsvoll. Das verlangt großen Einsatz und kostet Energie. Eine ausgewogene Kräfteeinteilung ist notwendig. Sie sind wie ein Rennfahrer. Dem nützt es wenig, zwar den Geschwindigkeitslauf gewonnen zu haben, aber das Gesamtrennen als verloren betrachten zu müssen. Er hat sich in einzelnen Wertungen übernommen.

Beanspruchen Sie nur brauchbare Möglichkeiten. Investieren Sie nur da Kraft, wo es sich lohnt. Verausgaben Sie sich niemals vollkommen. So brauchen Sie keine Chance vorüberziehen zu lassen, nur weil Sie zu ausgepumpt sind.

Zu 6.: Sich selbst permanent anzutreiben und sich anhaltend einen unangenehmen Zwang aufzuerlegen, kommt einer ständigen Selbstvergewaltigung gleich.

Den richtigen Lebenszweck gefunden zu haben, beweist sich durch die Freude an der Zielverfolgung. Je mehr Sie den Rahmen Ihres Lebenszwecks ausfüllen, um so zufriedener und glücklicher wird sich Ihr Zustand gestalten.

Zu 7.: Es ist unangebracht, den persönlichen Lebenszweck auf Fähigkeiten anderer abzustimmen. Es ist Ihr Leben, das die Richtung sucht!

Die meisten Menschen gestehen, den falschen Beruf ergriffen zu haben. Weiterhin geben sie zu, zumindest unglücklich darüber zu sein, ungeliebte Tätigkeiten verrichten zu müssen. Die Arbeiten entsprechen im Grunde nicht oder nur wenig ihren wahren Fähigkeiten und Neigungen.

Viele hätten gerne studiert. Aber Uneinsichtigkeit oder widrige Umstände vereitelten die Gelegenheit. Andere hegten lange den Wunsch, einen «Traumberuf» zu ergreifen. Doch sie verpaßten den Zeitpunkt oder waren zu inkonsequent, um anzufangen.

Menschen vergessen gerne, Wünsche zu realisieren. Sie befinden sich im Fahrwasser der Gleichgültigkeit, lassen sich behäbig treiben und bedauern nur, nicht den richtigen, zufriedenstellenden Beruf ergriffen zu haben.

Stellen Sie sich die Frage, ob Sie mit Ihrem Beruf zufrieden sind. Macht es Sie glücklich, das, was Sie tun, tun zu dürfen? Bei einem «Nein» laufen Sie Gefahr, mehr oder weniger widerspruchslos den größten Teil Ihres Lebens unglücklich zu sein. Das können Sie nicht akzeptieren wollen! Ihr Beruf beschäftigt Sie nicht nur während der offiziellen Arbeitszeit. Sie befassen sich gedanklich auch vor und nach der regulären Arbeitszeit mit ihm. Sollten Sie dabei unglücklich sein, empfinden Sie jede Minute – von morgens bis abends, Jahr für Jahr – als bedrückend. Dieser Druck kann Sie zerstören.

Was ist Ihr persönlicher Lebenszweck?

Glaube

Ihr Lebenszweck darf nicht starren Charakters sein. Er sollte flexibel gestaltet sein und unter Beibehaltung der eingeschlagenen Richtung größer und ausfüllender werden. Ihr Lebenszweck kann ständig mit Ihren Fähigkeiten und Erfahrungen wachsen.

Die Suche nach dem Lebenszweck erlaubt einige Fragen. Fragen Sie sich:
  1. An was glaube ich?
Intensiver:
  2. Woran glaube ich wirklich?
Letztlich:
  3. Was will ich aus meinem Leben machen?

Teils manipulieren uns Anregungen, teils sind wir freiwillig und bewußt bereit, an unendlich viele Dinge zu glauben. Wir hören auf glaubhaft getrimmte Werbesprüche, lautstarke Verkündigungen, angeblich objektive Kommentare und andere Ansprachen. Es ist mühevoll, aus einem Lügenlabyrinth die rechte und brauchbare Wahrheit herauszufinden. Vorbeugend kapitulieren die meisten Menschen vor dieser Aufgabe. Sie geben sich geschlagen und glauben bereitwillig an Märchen und Falschaussagen, die unter einem Tatsachenmantel deklariert werden. Schlimmer ist, wenn jene angenommenen Märchen in die eigene Ansichtenwelt integriert werden. Was also ist Lüge von dem, was Sie glauben? Prüfen Sie Ihre Antwort auf die erste Frage.
Nur die Frage, woran ich *wirklich* glaube, schenkt die Chance zur Korrektur. Bei dieser genaueren Selbstbefragung hat Selbstbelügung keinen Platz – weil keinen Sinn. Wird durch meinen Glauben an etwas nur eine Lüge gedeckt? Intensivieren Sie Ihre Überlegungen und streichen Sie rückhaltlos selbstgewählte Lügengebilde! Was bleibt,

sind ernstzunehmende Punkte. Sie werden feststellen, daß nur wenig übrigbleibt, woran Sie glauben können.

Einige von uns, die glauben, einen ernsthaften Nenner gefunden zu haben, prüfen ihn nur sehr zaghaft auf Bestand. Sie haben Angst, auch dieses «Faktum» könnte berechtigten Zweifeln zum Opfer fallen. Und was bliebe dann?

Ich fand etwas, woran ich wirklich glauben kann. Wie beziehe ich meine Erkenntnis in die Antwort auf die Frage, was ich aus meinem Leben machen möchte, ein?

Es stellt sich hierbei wieder die dominierende Frage nach dem Sinn des Lebens. Denn nur das, woran ich vorbehaltlos und unerschütterlich glaube, ist es doch wert, als solider Baustein für das Bauwerk «Sinn des Lebens» zu dienen.

Neuerkenntnisse können den individuellen Lebensgrund mehr oder weniger – je nach Lebensinhalt – überraschend ändern. Diese Perspektive läßt eine bislang ergebnislose Suche nach einem Baustein sinnvoll werden. Denn aus den Schwankungen der morgigen Gegenwart heraus, kann sich die gesuchte Erkenntnis anbieten. Keine Zeit wird demnach völlig nutzlos gelebt.

MERKSATZ: Ein sinnvolles Leben wird von seinem Zweck erfüllt und bestimmt!

Ziele und Pläne

Persönliche Wünsche

Jedem von uns fallen auf Anhieb mehrere vorgelegte Ziele ein. Notieren Sie nun auf einem Blatt Papier alle Wünsche, die Sie haben. Außer: Geld, Liebe, Glück.

Nehmen Sie sich für diese Aufgabe zwei Minuten Zeit. Danach sollten Sie Ihre Überlegungen abbrechen.

Sie dürften festgestellt haben, daß Sie keine Mühe hatten, sechs, eventuell auch ein oder zwei Wünsche mehr, in der angegebenen Zeit niederzuschreiben. Es fällt jedoch meist schwer, weitere Wünsche zu finden.

Waren wir nicht der Meinung, unzählige Wünsche zu haben? So locken beispielsweise Schaufenster und wecken Wünsche in uns. Oder wieviel Millionen von Menschen legen ihre gesamten Hoffnungen in einen Lottozettel. Drei erratene Zahlen veranlassen zu dem Ausspruch: «Wenigstens den Einsatz konnte ich herausholen!» Denken wir über unsere Reaktion nach! Traurig genug, daß wir uns mit drei, vier Mark «Lottoglück» bescheiden. Während wir achtlos an Möglichkeiten vorbeigehen, die uns weit mehr einbringen könnten. Tatsächlich weitergekommen sind wir keinen Schritt. Doch wir träumen weiter. Von den üblichen Wünschen: Haus, Auto, Möbel, Pferd, Boot, Grundstück oder Urlaub. Die Erreichung dieser Dinge setzen wir uns zum Ziel. Aber um diese Ziele zu erreichen, benötigen wir Geld. Bedenken Sie bei allen Überlegungen die nichtkäuflichen Wünsche!

Das kalkulierbare Ziel

Zielsetzung läßt den Wunsch kalkulierbar werden, beschneidet den Zufall oder schließt ihn aus. Üblicherweise wünschen wir unüberlegt darauf los, ohne eine reelle Schlußfolgerung zu entwickeln. Bedenken Sie im Vergleich, daß jedes Fahrzeug sein Ziel nur gesteuert findet. Ist es nicht wichtiger, den Ablauf des eigenen Lebens zu steuern? Der Erfolg kommt nicht ungewollt. Und gerade unser Ziel ist erstrebenswert. Erfolg steckt in unseren Träumen: Haus, Auto usw.
Erfolg ist:
1. Die schrittweise Verwirklichung des Lebenszwecks
2. Die Gewähr, seinen Zielen näher gekommen zu sein.

Der Weg vom Traum zum Ziel

Schreiben Sie auf den unteren Teil eines Blattes: «Traum».
Wir beginnen mit einem Traum. Der Wunsch wächst, seine Verwirklichung zu erreichen. Setzen Sie deshalb neben das geschriebene Wort «Traum» einen kräftigen Punkt auf das Papier. Dies ist der Beginn. Nun wird begonnen, den Wunsch zu realisieren. Von diesem Punkt an – leicht aufwärts – ziehen wir eine durchgehende Linie. An deren Ende setzen wir ein Komma. Unter die Linie schreiben wir «Verwirklichung». Und unter das Komma notieren wir: «Ziel». Es ist ein Teilziel, deshalb das Komma. Denn danach folgen neue Ziele! Über diese Zeichnung ziehen wir einen halbrunden Bogen und schreiben «Lebenszweck» darüber. Dieser Bogen steht für den Lebenszweck, der Einfluß auf den Gesamtablauf nimmt.
Traum, Ziel, Verwirklichung. Kein Ziel wird ohne den Wunsch gesetzt. Ohne Wunschsetzung kein Ziel. Ein Leben ohne Ziele wäre völlig sinnlos. Ziele sind die Träume der Vernünftigen. Gesetzmäßig hat der Erfolg, der motivierende Ziele hat. Das ist so gültig wie das Gesetz der Schwerkraft. Wer sich keine Ziele setzt, wird bald feststellen, daß er sich selbst belügt. Ein Leben ohne Ziele ist wie ein Boot ohne Ruder!

Viele Menschen wachen erst in der Mitte ihres Lebens auf. Sie wissen nicht, wo sie sich befinden. Sie blicken auf ein Wirrwarr verschiedener Erlebnisse zurück und haben ein Gefühl innerer Leere. Statt sich nach einer solchen Erkenntnis konkrete Ziele zu setzen, verhalten sie sich wie gewohnt. Sie hegen die unsinnige Hoffnung, vom Schicksal begünstigt zu werden.

Sie selbst bestimmen den Weg! Jeder von uns setzt seine Wegweiser, und keiner sollte so töricht sein, querfeldein zu laufen.

Verirrte fragten einen Weisen: «Wohin führt diese Straße?» Dieser antwortete: «Sie führt dahin, wohin Sie im Leben wollen!»

Sollten Sie nicht die Kraft besitzen, sich selbst zu befragen, sollten Sie die Frage weitergeben und sich helfen lassen.

Lohnende Ziele

Wir müssen Ziele dann setzen, wenn es sinnvoll ist. Nur erreichbare Ziele lohnen sich. Blicken Sie voraus. Denken Sie daran, daß Ihnen nach einem arbeitsreichen Berufsleben nur wenige Jahre bleiben. Es muß nicht unbedingt lohnenswert sein, geduldig auf eine kleine Rente zu warten. Zumindest sollten Anstrengungen unternommen werden, höher angesiedelte Ziele zu erreichen. Ziele, zu deren Erreichung man all seine Fähigkeiten in die Waagschale werfen sollte.

Ziele helfen, Entscheidungen zu treffen und den richtigen Weg einzuhalten. Die chronische Entscheidungsarmut der meisten Menschen veranlaßt diese, Träume eben als solche anzusehen. Wunschträume beinhalten für sie keine Zielaussage, sind ohne Wert. Sie entscheiden sich, es beim unverstandenen Traumerlebnis zu belassen.

Nur circa zwei Prozent aller Menschen sehen sich in der Lage, allein und unverzüglich Entscheidungen zu treffen. Dies, ohne den Partner, den Nachbarn oder «guten» Freund befragen zu müssen. Die meisten Menschen haben verlernt, sich zu entscheiden. Viele lernten es gar nicht! Die Kindheit prägt unser Verhalten. Eltern lehnten Entscheidungen ab oder übertrugen sie. Wir begegnen dieser Verhaltensweise während unseres ganzen Lebens. Und manche, die sich für vernünftig halten, «schlafen erst einmal darüber», befinden sie sich in einer Entscheidungssituation. Dadurch verdrängen sie das anstehende Problem. Sie ignorieren Signale ungelöster Fragen. Die unbequeme Situation wird bewußt zur Seite geschoben. Die Selbstforderung wurde vermieden.

Zögern Sie nicht, Ziele zu setzen. Verfolgen Sie unbeirrt diese Ziele. Jede Handlung dient somit der Erreichung eines Zieles. Behalten Sie Ihr Hauptziel im Auge und setzen Sie für das erstrebenswerte Ziel

Ihre ganze Persönlichkeit ein. Entwickeln Sie dabei, im Rahmen der Richtlinien, Eigeninitiative. Lassen Sie sich positiv beeinflussen. Achten Sie jedoch darauf, sich nicht ungeprüft steuern zu lassen. Dies wäre ein Zeichen, daß andere es übernommen haben, Ihre Ziele zu bestimmen. Selten harmonieren Fremdvorstellungen mit den Ihren. Vermeiden Sie es, zum kritiklosen Jasager zu werden. Suchen Sie sich ein Berufsziel, das Ihren Ambitionen entgegenkommt. Sie wurden gewiß nicht geboren, sich jahrzehntelang mit einer ungeliebten Arbeit herumzuschlagen! Mangelnde Eigeninitiative und schwaches Selbstbewußtsein führten dazu. Die persönliche Zielsetzung fehlte.

Habe ich einen Plan, muß ich unverzüglich beginnen, ihn zu realisieren. Ob ich bereit bin oder nicht. Ich plane ein Ziel!

Derjenige, der sich ein Haus bauen möchte, benötigt einen Architekten, der den Plan entwirft. Diesen Vorgang sehen wir als Selbstverständlichkeit an. Sollte für die Gestaltung unseres Lebens kein Plan benötigt werden?! Derartige Vorstellungen mögen unverständlich wirken. Und doch wird so gehandelt. Sie haben es in der Hand, so etwas Kostbares wie Ihr Leben in Eigenregie zu bestimmen. Ihrer geistigen Reife gemäß können Sie das Gebäude «Leben» planen und solide erstellen. Es ist Ihr wichtigstes Haus, und Sie werden lange darin wohnen. Vergessen Sie nicht, Ihr Haus «das Leben» gut gegen negative Einflüsse zu isolieren.

Verdoppelung des Einkommens

Ich muß genau festlegen, welche Ziele ich anstreben möchte. Was bin ich bereit, dafür zu geben? Nur aus fest umrissenen Vorstellungen resultiert ein klares Ziel. Es ist ungenügend zu sagen: «Ich möchte einmal viel Geld verdienen.» Legen Sie deutlich fest, daß Sie beispielsweise in zwei Jahren monatlich 6000 Mark verdienen möchten. Was sind Sie bereit, dafür zu geben? Halten wir es mit dem alten Sprichwort: «Man muß zuerst Holz in den Ofen werfen, will man sich an ihm wärmen.»

Erst geben, dann erwarten. Es ist Mode geworden, den umgekehrten Weg zu suchen. Erst wenn man eines Tages unsanft an seine Verbindlichkeiten erinnert wird, folgt die Bestürzung. «Mehr scheinen als sein» ist eine Devise, die sich vernichtend auswirken kann. Man muß bezahlen. Jeder Schritt, der mich meinem Ziel näherbringt, muß durch Leistung verdient werden. Seien Sie bereit zu geben! Was würden Sie geben, um ein Ziel zu erreichen?

Erstellen Sie eine Liste. Wählen Sie als Überschrift das für Sie gegenwärtig erstrebenswerteste Ziel. Darunter setzen Sie den Zeitpunkt, wann Sie dieses Ziel erreicht haben wollen. Setzen wir voraus, die Zieldistanz würde ein halbes Jahr betragen. Unterteilen Sie dieses halbe Jahr in Monate. Notieren Sie, welche Leistungen Sie bereit sind, monatlich zu geben. Dieser Überblick ermöglicht Ihnen, das tägliche Leistungssoll zu errechnen.

Glaube und Glück

Was hilft, ein Ziel zu erreichen? Es ist der Glaube an ein Ziel, der entscheidend die Erreichung desselben fördert.

Menschen sind bereit, an so vieles zu glauben. Wir können glauben, daß ein Mensch auf dem Mond war. Daß er dort Steine aufsammelte und zur Erde brachte. Nicht nur eine unglaubliche Vorstellung für die vorangegangenen Generationen. Und doch nehmen wir diese ungeheure Leistung wie selbstverständlich zur Kenntnis. Obwohl keiner von uns direkt dabei war. Nur Armstrong als erster Mondspaziergänger könnte dieses Abenteuer glaubhaft bezeugen. Uns dagegen genügte es, einen Film über den Hergang zu sehen. Und schon können wir glauben. Freilich wird nicht bezweifelt, daß tatsächlich die Weite zwischen Erde und Mond überwunden wurde. Aber es ist gut, daß wir glauben können. Auch der Mondbesuch entstand aus dem Traum eines Menschen. Er war vermessen genug, diesem Traum ein Plangesicht zu geben. Ein Ziel wurde geformt. Wir ersehen daraus, was Glaube alles bewirken kann.

Warum, sollten wir fragen, glauben wir so wenig an uns selbst? Ist es denn schwieriger, an sich, als an eine Mondwanderung zu glauben?

Wir stehen vor einem Schaufenster und bewundern ein Auto. Verlangend fragen wir uns, ob es nicht möglich wäre, dieses Gefährt zu besitzen. Im selben Augenblick fallen uns tausend Möglichkeiten ein, wie es *nicht* geht! Unzählige «Wenn» und «Aber», und die Antwort: «Nein!»

Verzagt gehen wir weiter. Wir fügen uns den selbstgesteckten Grenzen. An eine Wunscherfüllung können wir nicht glauben. Der andere, der ein prächtiges Haus besitzt und unseren Traumwagen fährt, hat eben «Glück» gehabt. Finden wir keine transparente Erklärung für

Erfolg, basteln wir eben eine Lösung. Wir setzen für Tatkraft «Glück» ein.

Glück buchstabiert man besser: A - r - b - e - i - t!

Zielmotivation und Zielverfolgung

Ziele sollten an einem ruhigen Ort schriftlich fixiert werden. Stellen Sie sich Ziele bildlich vor. Der Mensch neigt zur Vergeßlichkeit und erinnert sich nur ungern fordernder Aufgaben. Also müssen einprägsame Mittel eingesetzt werden, die erinnern helfen. Erstreben Sie ein höheres Monatseinkommen? Wenn ja, sollten Sie den angestrebten Betrag groß auf den Badezimmerspiegel schreiben. Diese Erinnerung spricht Sie bereits am Morgen unübersehbar an. Ihr Ziel lockt! Bei der Fixierung jeden Zieles ist es wichtig, nicht unbescheiden zu werden. Fragen Sie sich zuerst, was wirklich notwendig ist. Danach folgen nützliche Anschaffungen, die das Leben angenehmer gestalten helfen. Letztlich kann der Luxusartikel als Ziel eingesetzt werden. Ihr Wunschauto könnte ein solches Ziel sein. Besorgen Sie sich Bilder Ihres Traumwagens oder Traumhauses. Hängen Sie sie gut sichtbar an die Wände Ihres Schlafzimmers. Morgens wird Ihr erster Blick darauffallen und Sie motivieren. Es würde Sie Ihrem Ziel nicht näherbringen, jetzt nochmals einzuschlafen. Eine verschlafene Stunde kann meist den ganzen Tag nicht mehr eingeholt werden. Ihr Tagesplan droht, seine Gültigkeit zu verlieren.

Stellen Sie sich Ihr Ziel gedanklich vor. Malen Sie sich jede Einzelheit aus. Es wird Sie motivieren. Sagen Sie nicht nur: «Ich möchte ein Haus!» Besser, Sie beschreiben dieses Haus: Terrasse, Fensterformen, die Türen, den offenen Kamin und dergleichen mehr. Auch den Urlaub planen Sie entsprechend. Sie malen sich aus, wie herrlich Sie die Sonne empfinden werden. Vorfreude kann die größte Freude sein. Erinnern Sie sich an die kindliche Vorfreude? Wer behauptet, daß die Intensität solcher Vorfreude mit zunehmendem Alter abnehmen muß?!

Dieses Gefühl der Vorfreude wird Sie anspornen, Ihr Ziel möglichst rasch zu erreichen. Die schriftliche Fixierung und bildhafte Vorstellung pflanzt das erwählte Ziel in Ihr Unterbewußtsein. Suggerieren Sie sich Ihre Ziele! Durch ständige Wiederholungen reagieren Sie zunehmend im Sinne Ihrer Ziele.

Die Werbung baut auf diese wirkungsvolle Methode. Artikelnamen prägen sich ein. Unbewußt wird oftmals der aufgenommene Werbetext beim Einkauf verwertet.

Programmieren Sie sich, im Sinne der Zielerreichung zu reagieren. Wird Ihre «Zentrale» – Ihr «geistiger Computer» – mit positiven Daten gespeichert, werden Sie entsprechend handeln. Ohne sich ständig bewußt erinnern zu müssen. Schreiben Sie ein neues Ziel deshalb prinzipiell auf. Lesen Sie es des öfteren. Das motiviert!

Lesen Sie schriftlich fixierte Ziele nicht leise, sondern laut. Nachdem Sie erwacht sind und bevor Sie sich schlafen legen. So begleitet Sie das Ziel in den neuen Tag. Ihr Unterbewußtsein bekommt verstärkt Gelegenheit, Einplanungen vorzunehmen.

Beginnen Sie, sich Tagesziele zu setzen. Wie jeder korrekte Geschäftsmann. Sein Terminkalender zeigt ihm, was ihn erwartet. Tagesziele sollten jeweils am Vorabend aufgeschrieben werden.

Wie sollen Ziele sein?

1. Berechenbar
2. Realisierbar
3. Flexibel

Stagnieren Sie nicht in Ihrer Zielsetzung! Gehen Sie bei der Zielsetzung davon aus, daß Sie die gegenwärtige Situation verbessern wollen. Treten Sie nicht auf der Stelle, sondern laufen Sie.

Ein Ziel muß arbeiten. Es muß mehr als ein geschriebenes Wort sein. Leben Sie danach! Die Wirkung muß erkennbar sein.

Erwarten Sie von der Zielsetzung keine Wunder. Das gesetzte Ziel soll so geartet sein, daß die Hoffnung zu realisieren ist. Fragen Sie nicht zweifelnd, wohin der Weg führen mag. Er wird dahin führen, wohin Sie wollen! Bestimmen Sie dies durch die Zielsetzung.

Jedes erreichte Ziel ist ein Teilziel. Setzen Sie sogenannte Teilzielpunkte. Sie teilen das Ziel in zeitliche Richtpunkte ein. Warum ist jedes Ziel ein Teilziel? Betrachten Sie ein Ziel als endgültig, geben Sie gleichzeitig auf – Sie stagnieren! Wer stolz verkündet, endgültig angekommen zu sein, verkündet seinen Fall. Er begibt sich auf den Weg nach unten. Jedes erreichte Ziel muß Ausgangspunkt für ein nächstes sein. Darin liegt der Sinn neuer Aktionen begründet. Auch wenn diese Aktionen sich gleichen, ergeben sie doch eine Vorwärtsbewegung.

Der Erfolg kommt nie an. Er ist wie ein Zug, der keinen Bahnhof kennt. Nur wenn wir auf das Erreichte aufbauen, wird das Leben zum Fortschritt. Würde dies nicht als Grundsatz gelten, gäbe es keine Weiterentwicklung – und demnach keine fundierten Erkenntnisse – in unserer Welt. In technischer, wissenschaftlicher und philosophischer Hinsicht. Hätte der Mensch den Karren als ausreichendes Fahrzeug akzeptiert, wäre nie das Auto usw. entstanden.

Schreiben Sie nun wieder auf ein Blatt Papier in die linke, untere Ecke das Wort: Wunsch. Davon ausgehend, ziehen wir eine Schräglinie nach rechts oben. Bis zu einem neuen Punkt, den wir mit «Teilziel» betiteln. Unter die gesamte Linie schreiben wir: Pläne. Vom Teilziel ausgehend, verläuft – weiter nach oben gerichtet – die Linie zum nächsten Ziel. Im Endeffekt wiederum ein Teilziel.

Auch in unserer nächsten Aufgabe ziehen wir eine Linie von links unten nach rechts oben. Am Beginn der Schräglinie steht das Wort: Start. Am Ende steht dagegen: Lebensziel. Die Strecke zum Lebensziel sollte in möglichst enge Phasen eingeteilt werden. Unterteilen Sie die Zielstrecke in zehn Jahresphasen. Die Jahresphasen werden in Monats- und die Monats- in Wochenphasen unterteilt. Nun können Sie die Tageseinteilung vornehmen. Sogar Ihre Stunden könnten einer derartigen Aufschlüsselung unterliegen.

Was möchten Sie in zehn Jahren erreicht haben? Was in einem Jahr? Unternehmen können sich keine Fehlzeit erlauben. Deshalb versuchen sie, den unproduktiven Zeitaufwand zu reduzieren. Können Sie persönlich sich den Luxus «Zeitverlust» erlauben? Sind Sie nicht ebenfalls ein Unternehmer? Ein Unternehmer, der plant, baut, Ziele kennt und produziert? Der erwirtschaftete Gewinn geht zu Ihren Gunsten.

Sie treten von einer Zielphase in die nächste. Goethes Ausspruch: «Von einem Licht ins andre gehn!»

Menschen verfolgen zwar eifrig große Ziele. Doch beim ersten Mißerfolg geben sie bereits auf. Das ist um so verwunderlicher, da oft bei unwichtigen Dingen ein enormer Durchhaltewillen beobachtet werden kann.

So wird der Urlaub vorsorglich geplant und gut vorbereitet die Reise angetreten. Unterwegs sieht man sich etlichen Umleitungen gegenüber. Wenn auch murrend, werden sie dennoch in Kauf genommen. Jeder Umweg wird gefahren, um endlich auf die Hauptroute zurückzukommen. Hindernisse werden gemeistert. Keineswegs wird deshalb das Urlaubsziel aufgegeben!

Wie reagieren Menschen bei weit bedeutungsvolleren Zielsetzungen? Sie kapitulieren vor kleinsten Hindernissen. Diese Menschen reißen Ziele nur an oder ergeben sich in Ziellosigkeit. Sie resignieren.

Warum sind wir Meister im Planen eines Urlaubs und nicht in der Lebensplanung?

Wohin wollen Sie im Leben? Lassen Sie sich nicht ziellos treiben!

Zielarten

Folgende Möglichkeiten bieten sich an:
1. Geschäftsziele
2. Persönliche Ziele
3. Familiäre Ziele
4. Zivile oder kirchliche Interessen
5. Hobbies.

Zu 1.: Das Karrieredenken unserer Zeit macht es erforderlich, sich mit geschäftlichen Zielen zu befassen. Dabei ist die Art der Ausgangsbasis unwesentlich. Ob Sie sich in einer abhängigen Position befinden oder Ihr Streben als Selbständiger auszuleben versuchen. Es geht ausnahmslos um die Schaffung einer stabilen Basis. Peilen Sie nach Erreichung einer angestrebten Position sofort die nächsthöhere Stufe als Ziel an. Glauben Sie nur nicht, nun ein, zwei Jahre in Wartestellung verbringen zu müssen. Schaffen Sie Ihre Chance! Verkürzen Sie die Wartezeit, indem Sie ihr entgegenarbeiten! Nehmen Sie unübliche Abkürzungen. Solche, die man nicht kennt oder die unpopulär sind. Vielleicht weil sie unbequem sind. Unbequemes kann brauchbar sein!

Zu 2.: Persönliche Ziele fordern besonders energischen Einsatz. Aber er lohnt sich. Jeder von uns muß ständig an sich arbeiten. Suchen Sie die Verbesserung. Feilen Sie an sich, um Ihren persönlichen Zielen gerecht zu werden. Üben Sie sich in Selbstverbesserung.

Zu 3.: Rücksichtnahme und Abstimmung sind Grundlagen familiärer Ziele. Handeln Sie stets im Interesse aller Beteiligten. Versuchen

Sie, egozentrische Züge zu vermeiden. Kinder, Heim oder Ausbildungsfragen haben etwas mit familiären Zielen zu tun.

Zu 4.: Manche sehen es als Hauptziel an, sich in möglichst vielen Organisationen oder Vereinen zu betätigen. Warum nicht? Genügend Anregungen werden offeriert. Prüfen Sie Ihre Möglichkeiten. Wer sich kirchlichen oder zivilen Interessen widmen möchte, besitzt den Vorteil der ambitiösen Motivation. Erfolgserlebnisse bieten sich lockerer an. Man engagiert sich zwanglos.

Zu 5.: Diese Zielgruppe stellt die stärkste Motivation. Was Spaß macht, wird gerne in Angriff genommen. Eine persönliche Protesthaltung ist praktisch ausgeschlossen. Im Hobby liegt eine notwendige Ausgleichsmöglichkeit zur überfordernden Stress-Situation. Ein Hobby kann sich wegweisend auswirken. Mancher berufliche Werdegang entwickelte sich aus Erkenntnissen, die sich aus der Hobbypraxis ergaben. Es liegt in der Sache, daß Erfolgserlebnisse nicht ausbleiben.

Jede gewählte Zielart gibt Anlaß, sich folgende Einstellung anzueignen: Sich grundsätzlich so zu verhalten, als wären angestrebte Schlüsselziele bereits Realität!

Sechs Schritte zum Ziel
1. Zielsetzung.
2. Keine Selbstüberforderung (Ruhephasen einplanen).
3. Selbstzweifel vermeiden.
4. Restzweifel analysieren (Selbstbefragung: Habe ich in der Zweifelphase Fehler gemacht? Welche?).
5. Eigenwünsche notieren. Gewünschtes Persönlichkeitsbild schriftlich fixieren.
6. Persönliches Verhalten erfolgsbetont gestalten.

Anderen seine persönlichen Ziele mitzuteilen, kann Neid, Zweifel oder gar Haß provozieren. In jedem Fall unterliegen Sie auf Grund Ihrer Mitteilsamkeit gewissen negativen Einflüssen. In Praktizierung Ihres Vorsatzes könnten Sie einem Nachbarn Ihren Entschluß mitteilen, Millionär werden zu wollen. Seine Reaktion würde üblicherweise verletzend sein. Sie wären für ihn ein «armer Irrer». Wahrscheinlich könnten Sie hören, daß ausgerechnet Sie es nicht schaffen. Ihre Frage nach dem Grund seiner Ansicht ist für ihn indiskutabel.

Tragen Sie deshalb Ihre persönlichen Ziele nur vertrauenswürdigen Menschen an, die an Sie glauben!

Bei geschäftlichen Zielen dagegen besteht oft die konzeptionelle Notwendigkeit, sie mitzuteilen. Die Angst, sich eventuell zu blamieren, wird Sie stark motivieren, die mitgeteilten Ziele zu erreichen. Zugleich wirkt die Fremdmotivation auf Sie ein. Sie müssen davon ausgehen, in Ihren Bemühungen beobachtet zu werden. Das wird Sie zu guten Leistungen anspornen. Gleichzeitig kann sich Ihr Motiv auf andere übertragen und diese zu ähnlichen Zielsetzungen anregen.

Ehrgeiz spielt mit. Verantwortlichen stellt sich dieser Ablauf als bewährte Motivationstaktik zur Verfügung. Resultativ gibt das Leben das, was wir durchdacht, geplant und tatsächlich gewollt haben. Kümmern Sie sich jedoch nicht zu stark um die destruktive Kritik Ihrer Mitmenschen. Sie würden sonst nur die Kluft zwischen dem, was erreicht werden kann, und dem, was real erreicht wird, vergrößern. Kümmern Sie sich ausschließlich um sich und Ihre Aktionen. Erstellen Sie unbeeinflußt Ihren persönlichen Plan. Konzentrieren Sie sich auf Ihr Ziel – ohne sich von Ablenkungen irritieren oder verunsichern zu lassen!

Selbstbefragung

Führen Sie nachfolgende Selbstbefragung durch:
1. Besitze ich die richtige Einstellung?
2. Welches sind meine Talente und Fähigkeiten?
3. Was fordere ich von mir?
4. Wie stark motiviert mich mein Hauptziel?
5. Möchte ich tatsächlich erfolgreich sein?
6. Glaube ich an mich selbst?
7. Sind meine Ziele realistisch?
8. Kann ich Fortschritte erkennen und bin ich bereit, meinen Weg zu korrigieren?

Sie müssen zielen, um treffen zu können!

Zur Zielrealisierung ist der Plan eine Notwendigkeit. Zuerst den Plan erstellen, dann den Plan für sich arbeiten lassen. Erfolg benötigt immer einen Plan! Die Toleranz zwischen Plan und Ziel darf nicht zu großzügig angelegt werden. Dennoch sollten Sie sich ausreichend Bewegungsraum gewähren.

Beschaffenheit eines Planes

Folgende Punkte sollten bei der Planerstellung Berücksichtigung finden:

1. Setzen Sie Zeiten fest, bis wann Sie etwas erreicht haben möchten.
2. Was kann Ihnen helfen, Ihre Ziele zu verwirklichen?
3. Welche Ergebnisse können Sie bisher vorweisen?
4. Wo haben Sie versagt?
5. Suchen Sie Mitarbeiter.
6. Ihr Plan sollte deutlich und übersichtlich gestaltet sein.
7. Weichen Sie bei der Zielverfolgung nicht von den Planpunkten ab!

Zu 1.: Arbeiten Sie nicht unkontrolliert. Befolgen Sie Ihren Plan Schritt für Schritt. Halten Sie festgelegte Zeiten streng ein und überschreiten Sie sie nicht.

Zu 2.: Berücksichtigen Sie alle Umstände. Beziehen Sie in den Ablauf alle Mittel mit ein, die zur Verfügung stehen. Planen Sie in Ihre Überlegungen auch Personen mit ein, die Ihnen behilflich sein könnten. Es ist wie ein Schachspiel: Zug um Zug zum Sieg!

Zu 3.: Was konnten Sie bisher konkretisieren? Vergleichen Sie Ihren Plan mit dem erreichten Erfolg. Fragen Sie sich: Hat sich eventuell unbemerkt ein Rückschritt vollzogen? Oder sind Sie merklich weitergekommen? Verfielen Sie dem Trugschluß, Probleme würden sich von selbst lösen? Überschritten Sie Ihre Planvorgabe? Welche Phase konnten Sie erreichen? Wo stehen Sie?

Zu 4.: Wo haben Sie versagt?
Verfolgen Sie analytisch den Weg zurück. Suchen Sie den Punkt, ab dem Sie zu versagen begannen. Versuchen Sie, Ihre eigenen Fehler und Schwächen zu erkennen. Selten sind andere Menschen, Umstände oder unglückliche Zufälle schuld. Suchen Sie die Schwachstelle!

Zu 5.: Prüfen Sie die Möglichkeiten zu delegieren. Vervielfältigen Sie sich durch Einsatz von Mitarbeitern. Deren Kraft und Wissen können Ihnen helfen, Ihr Ziel zu erreichen. Teamarbeit ist nicht nur empfehlenswert, sondern in den meisten Arbeitsbereichen notwendig.

Zu 6.: Arbeiten Sie deutlich und sauber. Würden Sie anders vorgehen, wäre das, als versuchten Sie, aus einem verwirrten Knäuel Wolle etwas zu stricken. Sie müssen vorher ordnen! Der unproduktive Zeitaufwand wird reduziert.

Legen Sie Ihren Plan unbedingt schriftlich fest. So bleibt die erforderliche Transparenz gewahrt. Gewöhnen Sie sich nicht die Unsitte an, Notizen und Gedankenblitze auf unzählige «Merkzettel» zu schreiben. Legen Sie sich ein Planbuch an!

Zu 7.: Widmen Sie der Überprüfung Ihres Planes täglich wenigstens zehn Minuten. Kontrollieren Sie die Planeinhaltung. Wie weit sind Sie Ihrem Ziel nähergekommen? Verrichten Sie Ihre Arbeit exakt nach Plan! Konnte ein Termin nicht eingehalten werden, bleibt der darauffolgende Termin davon unbeeinträchtigt! Unerledigtes kann nach Absolvierung des Tagesplanes nachgeholt werden. Oder eine Neuplanung schließt diesen Punkt mit ein. Lesen Sie Ihren Plan regelmäßig durch. Stellen Sie sich vor, wie es sein würde, wenn sich das Gewünschte bereits in Ihrem Besitz befände.

Grundsätze des Erfolgs

1. Reale Gestaltung des Wunsches
2. Frage nach wichtigen Kriterien zur Zielsetzung
3. Erstellung eines Zeitplanes
4. Einsatz von Willensstärke und Selbstsicherheit

Zu 1.: Wahres Verlangen ist Voraussetzung zur Wunschgestaltung. Es muß geschürt werden. Der Mensch ist ein Geschöpf des Verlangens. Er drängt danach, es zu stillen. Dies sollte nicht zu Lasten Ihrer Mitmenschen geschehen. Es ist genug für alle da! Beanspruchen Sie nur, was unbedingt zur Realisierung Ihres Wunsches notwendig ist. Verlieren Sie sich nicht in den vielen Randmöglichkeiten, sondern bleiben Sie Ihrem fixierten Wunschbild treu.

Nur die machbare Wunschplanung fügt sich in die Realität ein.

Zu 2.: Berücksichtigen Sie bei der Zielsetzung:
Gefühle
Schwächen
Stärken

Gewohnheiten
Ambitionen
Prüfen Sie sie auf Einflußstärke!

Zu 3.: Genaue Pläne helfen, Theorien in die Tat umzusetzen. Die Niederschrift motiviert zur Tat und bestätigt den eigenen Standpunkt.
Jeder Zeitabschnitt verlangt die Selbstkontrolle. Sie setzten sich ein Ultimatum. Und daraus ergibt sich Ihr Auftrag.

Zu 4.: Bleiben Sie gefestigt und sicher. Üben Sie sich in Selbstmotivation. Zweifeln Sie nicht! Erhalten Sie den Glauben an Ihre Fähigkeiten.

Erfolg, definiert

Erfolg ist:
Ein Fahrzeug, das nie ankommt. Erfolg kennt keinen Ruheplatz. Glaubt ein Mensch, angekommen zu sein, gibt er in Wirklichkeit auf.

Erfolg ist aufbauender Fortschritt.

Erfolg ist entgegenkommend – wenn Sie ihn wahrhaft ersehnen.

Erfolg ist die Umsetzung des Wunsches in die Tat.

Erfolg ist fern und nah. Ganz wie Sie ihn planen. Womöglich unterschätzen Sie die Wirkung Ihres eingehaltenen Planes. Deshalb kann der Erfolg unverhofft auftauchen!

Erfolg ist verwandlungsfähig. Er hat viele Gesichter.

Manche Menschen hadern mit ihrem Schicksal: «Ich mache doch wirklich alles, um Erfolg zu haben!» Analysieren Sie Ihr letztes Wegestück, und zwar *bevor*:
A) Sie in Abrede stellen, daß entsprechende Aktivitäten den Erfolg eintreten lassen.
B) Sie vergessen, daß nach jedem Regen wieder die Sonne scheinen wird. Auch in Ihrem Leben! Lassen Sie nicht in Ihrer Konzentration nach. Handeln Sie nicht hastig und übereilt. Werden Sie nicht ner-

vös. Verfallen Sie nicht in den Kardinalfehler zu glauben, alles sei verloren.

Bedenken Sie: Schon der nächste Tag kann Sie der langgesuchten Lösung eines Konfliktes näherbringen. Oder er schenkt Ihnen die Erfüllung eines langgehegten Wunsches. Sollten Sie aber vorher aufgeben, werden Sie die Möglichkeiten dieses Tages nicht mehr beanspruchen können. Da Sie nicht mehr auf Lösungen fixiert waren, hat sich Ihr Blick dafür getrübt. Stolpern Sie also nicht ziellos in den nächsten Tag. Strecken Sie sich dem Erfolg entgegen!

Der maskierte Erfolg

Der Erfolg versteht es, sich zu maskieren. Könnte es nicht sein, daß Sie bereits mitten im Erfolg standen, die Position aber nicht erkannten? Sie liefen an den Erfolgszeichen vorbei und legten einen Schritt zuviel zurück.

Erfolg kann rätselhaft sein.

Auch der Rückschritt kann dem Erfolg dienen! Ein Rückschlag verzögert nicht unbedingt dauerhaft die Einhaltung eines Planes. Wir sollten uns merken, daß erst der besonders große Anlauf einen weiten Sprung ermöglicht. Doch jener notwendige Anlauf erfordert den Gang zurück! Verzweifeln Sie deshalb niemals, sondern versuchen Sie, das Gesicht des Erfolgs zu erkennen.

MERKSÄTZE:
A) Finden Sie die Antwort auf die Frage: «Wie kann ich es tun!»
Eine der Grundbedingungen, das Ziel zu erreichen! Die Richtung zur Aktivität wird eingeschlagen. Ihre Überlegungen sind Schritte zur Vollendung.
B) Gesetzte Ziele teilen das Leben auf. Und Ziele sind die Kilometersteine Ihres Lebens!

Begeisterung

Das gewinnbringende Gefühl

Der Mensch ist begeisterungsfähig. Entscheidend ist das Motiv, diese ungeheuer ansteckende Gefühlsregung auszuleben. Davon betroffen, neigt sogar ein eher nach innen gerichteter Individualist zur Mitteilsamkeit. Begeisterung fördert das Kontaktbedürfnis. Man möchte seinen Gefühlzustand anzeigen und womöglich übertragen. Es mag in der Eigenheit des Menschen liegen, sich meist für nebensächliche Dinge zu begeistern. Dies kann ihn dazu bringen, kurzfristig aufzublühen. Aber nur die beständige Begeisterung ist gewinnbringend! Betrachten Sie die Begeisterung deshalb als Zugewinn dauerhafter Art! Der Kurzzeitgewinn sollte nicht Ihr Ziel sein.
Steuern Sie die Begeisterung in eine Richtung, die unbedingten Erfolg verspricht. Ihre Arbeit bietet sich an. Seien Sie begeisterungswillig eingestellt.
Wenige lieben ihre Arbeit wirklich. Suchen Sie positive Aspekte. Begeisterung ist wie ein belastungsfähiges Tau, das jenes Fahrzeug Arbeit ziehen kann. Hinzu kommt, daß sich begeisterungsfähige Menschen mehr den Lebensfreuden hingeben. Sie befinden sich immer ein wenig in rosigen Gefilden. Sie können sich auch über kleine und ansprechende Dinge spontaner freuen. Wieder ein typisches Kind-Verhalten. Eigentlich beneiden wir solche gelockerten Menschen. Sie sind in ihrer Art Könige, die ihre Aufgaben lächelnd erledigen. Sie können sich fein über Mitmenschen amüsieren, deren Lebenssituation zwar nicht schlechter, deren Geschrei aber größer ist. Beginnen wir, uns ein wenig mehr und freier zu freuen! Als Kind wußten wir noch nicht, daß man fähig ist, Begeisterung zu verlernen. Vergessen wir diese zweifelhafte Fähigkeit.
· Es bieten sich ständig Gelegenheiten, eine positive Einstellung und Ungezwungenheit zu demonstrieren. Sie kennen einen Menschen, den Sie längst nicht mehr beachten? Was mag dieser Mensch wohl denken, würden Sie ihm plötzlich wieder einen Gruß schenken?

35

Ihren ersten Gruß wird er für Spott und den zweiten für einen Irrtum halten. Der dritte Gruß dürfte ihm zu denken geben, und nicht lange danach wird er das Gespräch mit Ihnen suchen.

Beweisen Sie Ihre Aufgeschlossenheit, Ihre positive Lebenseinstellung. Gewinnen Sie Freude am Leben. Vor allem – lächeln Sie! Entdecken Sie beispielsweise wieder die Freuden der Natur. Suchen sie Freunde, und Sie werden sie finden. Es werden sich neue Anregungen zu interessanten Kommunikationen entwickeln. Wer gibt uns das Recht, permanent traurig zu sein und ernst vor uns hinzublicken? Das Leben offeriert ein buntes und lebendiges Angebot. Also sind wir es, die dieses destruktive Verhalten zimmern. Wir sollten es nicht nötig haben, Leid zu konstruieren und auch noch stolz darauf zu sein. Solche Gesinnung wird manchmal gepflegt. Sie gipfelt nicht selten in Versuchen, andere Menschen mit nach unten zu ziehen. Achten Sie auf solche Stolpersteine!

Die Differenz zwischen Sieger und Verlierer

Es ist typisch für die Menschen, sich in die negativen Punkte ihrer Lebensumstände einzugraben. Beginnen Sie, sich von den fünfundneunzig Prozent mit solcher Gesinnung zu unterscheiden. Begeisterung ist eine Grundfähigkeit, die nicht erst auf dem Rummelplatz erkauft werden muß. Sie ist die Differenz zwischen Sieger und Verlierer! Sie möchten im Leben kein Verlierer sein. Also seien Sie begeistert!

Sich nur begeistert zu geben, ist ein ungenügendes Schauspiel. Begeisterung ist eine Emotion, die von innen nach außen dringt. Sie müssen davon erfüllt sein. Nur die wahre Begeisterung ist der Ursprung allen Erfolges! Ein aufmunterndes Gefühl ist dagegen wie Make-up. Es hebt Sie nur zeitweise. Echte Begeisterung dagegen ist ein intensives Erlebnis. Eine Art Selbstmotivation und Fremdmotivation in einem. Vollbrachten Sie in Ihrem Leben nicht schon Leistungen, über die Sie nachträglich staunten? Wie konnten Sie solche Leistungen schaffen? Sie hatten gewiß das feste Ziel, sie unbedingt zu bringen. Erinnern Sie sich, wollten Sie im Sportwettkampf nicht unbedingt besser sein? Trieb Sie der Gedanke an einen möglichen Sieg nicht unsagbar an? War es geschafft, konnten Sie ein herrliches Glücksgefühl empfinden. Dieses durchströmende Gefühl der Großartigkeit sollten wir suchen. Nehmen Sie es auf – bewahren Sie es in sich.

Sie sind großartig! Geben Sie sich so. Sehen Sie mißmutigen Menschen ihre Launen nicht nach. Unterscheiden Sie sich im positiven Sinne und zeigen Sie Begeisterung!

Wie eine Welle kann Begeisterung Menschen mitreißen. Aber sie kann auch den Verstand eindämmen. Sie kann bewirken, daß Menschen nur noch schreien, jubeln, klatschen und den Klarblick für die tatsächlichen Gegebenheiten verlieren. Es ist nicht ungefährlich, die Pflanze Begeisterung in den falschen Boden zu setzen. Steuern Sie deshalb Ihre Begeisterung und prüfen Sie den Boden, auf dem sie gedeihen soll. Die Pflanze sollte einem Ziel dienen. Deshalb muß das Ziel Sie begeistern können. Ein Kreislauf, der Ihr Engagement erklärt. Spontane Begeisterung fördert die Entschlußfreudigkeit. Bedauerlicherweise fehlt unserer Gesellschaft oftmals der Sensor für wahre Begeisterungsmöglichkeiten. Dabei bieten sie sich ständig und überall an. Künstliche Begeisterungspunkte scheinen zwar annehmbarer zu sein. Lohnender als natürliche Anregungen aber können sie nicht sein. Die Natur bietet unzählige Motive, sich zu freuen. Nur manchmal, wenn uns ein Kind auf eines dieser natürlichen Wunder anspricht, sind wir bereit, für Momente wieder mitzustaunen.

Überlegen wir uns, ob es genug ist, sich zu erhitzen und hysterisch: «Tor!» zu schreien. Hat unsere Mannschaft diese ersehnte Tat begangen, springen wir auf. Ein herrliches Freudengefühl durchrieselt uns. Offenbar konnten wir es kaum erwarten, dieses «Ventil» zu beanspruchen. Wir machen uns Luft!

Würden wir nur dieses mächtige Gefühl plötzlicher Begeisterung aus unserer Brust herausnehmen können! Könnten wir es doch konservieren und abrufbereit lagern. Bis zum nächsten Tag vielleicht, an dem unsere Arbeit auf uns wartet. Und könnten wir diese unverbrauchte Begeisterung in ihrer starken Wirkung auf unsere Aufgaben richten. Dann wäre der Erfolg schnell da!

Erfolg ist von Begeisterung abhängig, denn diese fördert die Entschlußfreudigkeit. Trägheit jedoch fördert den Verkümmerungsprozeß. Sie verhindert energisch einen lebendigen Ablauf Ihres Daseins. Desinteresse ergibt Verzögerungen. Und Verzögerungen können Sie sich nicht erlauben.

Der Mensch zögert ängstlich Entscheidungen hinaus. Zudem deckt sich seine Entscheidungsarmut oft mit einem Begeisterungsmanko. Zwei negative Komponenten, die nicht sein müssen. Manchen Völkern oder Rassen schreibt man eine stärkere und ausgeprägtere Begeisterungsfähigkeit zu. Dabei liegt es meist an der unkomplizierteren Lebensauffassung. Ansprüche werden nicht zu hoch geschraubt. Man ist gegen feine Anreize noch nicht unempfindlich geworden. Die spontane Begeisterungsfähigkeit konnte bewahrt werden. Veranlagungen, die wir forcieren können und auch nicht einer Reizüberflutung opfern sollten.

Der «innere» Gott

Spricht man von Begeisterung, denkt man an Enthusiasmus. Ein Begriff aus dem griechischen Sprachschatz. Enthusiasmus kann mit «innerer Gott» übersetzt werden. Und es ist eine Art innerer Gott, der von uns Besitz ergreifen kann. Er beflügelt Gedanken, läßt uns singen und tanzen. Lassen Sie Begeisterung aus dem Herzen entstehen. Spielen Sie kein Theater.
Auch die Stimme ist ein Spiegel unserer Begeisterung. Wir werden laut, heben die Stimme und jubeln. Unsere Begeisterung wird hinausgerufen. Und unser Gesichtsausdruck drückt Freude aus. Wir lachen! Warum auch nicht? Bewegen wir doch weit weniger Gesichtsmuskeln, wenn wir lächeln, als wenn wir ernst sind. Menschen, die gerne lachen und fröhlich sind, finden rasch Gesellschaft. Im grauen Alltag ist Begeisterung die belebende Farbe. Beginnen Sie Farbe in Ihre Welt zu tragen, und Sie bringen Farbe in Ihr Leben. Zeigen Sie, daß Sie auf dem richtigen Weg sind. Sie erkannten Ihren Lebenszweck und verfolgen beharrlich Ihre Ziele. Gründe, sich zu freuen.
Jeder Mensch ist begeisterungsfähig. Doch negativer Einfluß bringt die Begeisterung der meisten Menschen zum Ersticken. Sie benehmen sich, als hätten sie Scheu davor, sich durch Unbeschwertheit und Fröhlichkeit in den Mittelpunkt zu setzen. Ihre persönliche Begeisterung läßt Sie gegen das Heer heruntergezogener Mundwinkel immun sein.

MERKSATZ: Ich trage eine heile Welt in mir und lasse mich keinesfalls irritieren!

Erfolg durch das Wort

Wenden Sie Begeisterung wohldosiert an. Kontrollieren Sie regelmäßig die Richtung, in die sie ausschlägt. Also nicht unkontrolliert «durchdrehen». Durch gezielten Einsatz Ihres Begeisterungsverhaltens werden Sie immer das Interesse Ihrer Gesprächspartner finden. Der, der griesgrämig vor sich hinredet, wird mit absoluter Sicherheit wenig Aufmerksamkeit ernten. Uns allen ist der Marktverkäufer ein Begriff. Begeistert bietet er seine Waren feil und kann dadurch beachtliche Verkaufserfolge verzeichnen. Vor solchen Akteuren bleiben wir stehen und lassen die Aussagekraft ihrer Worte auf uns einwirken. Über die kleinen Späßchen, die geschickt eingestreut werden, lachen wir und nicken beifällig mit dem Kopf. Wir lassen uns von der Begeisterung mitreißen.

Sie müssen kein Deklamator sein, um sich Gehör zu verschaffen. Nur Ihre Überzeugung muß Ausdruck finden. Begeistert gesprochene Worte geben Ihre Einstellung wieder und verwandeln sich in Erfolge. Versuchen Sie einmal, ohne jede Begeisterung ein Erlebnis zu schildern. Jede noch so gute Geschichte verliert dadurch erheblich an Wert. Durch begeisterte Ausführungen gewinnen Sie aufmerksame und dankbare Zuhörer.

Versuchen Sie die motivierenden Seiten Ihrer Arbeit zu erkennen. Eine gut erledigte Arbeit wird Sie anspornen, noch besser zu werden. Ein Sprichwort drückt das richtig aus: «Wahres Glück und Zufriedenheit kommen nicht, wenn man tut, was einem gefällt, sondern wenn einem gefällt, was man tut!»

Dazu gehört vor allem Geduld! Geduld für die Verrichtung kleiner, aber doch notwendiger Arbeiten. Detailarbeiten vervollständigen das Mosaikbild.

Was Begeisterung vollbringen kann

1. Hilft Depressionen überwinden
2. Hilft, über Vorurteile hinwegzukommen
3. Hilft, Wünsche zu verwirklichen
4. Motiviert zur Aktivität
5. Bezwingt Hindernisse
6. Erregt Aufmerksamkeit

7. Kann abflachen und muß deshalb gepflegt werden
8. Kann ausbrechen und muß deshalb gesteuert werden
9. Fördert die Hilfsbereitschaft
10. Überwindet Trägheit und Faulheit

Zu 1.: Ein Mensch, der sich selbst aufgibt, handelt, als würde er sich die Luft zum Atmen nehmen. Begeisterung hilft, Depressionen zu überwinden und sich wieder aufzurichten. Begeisterung in klarster Form ist geäußerte Lebensfreude.
In einem Stimmungstief begeben sich viele auf die Suche nach einer stillen Ecke. Aus Ignoranz wird übersehen, daß die Umwelt vermag, wieder Hoffnung oder zumindest Ablenkung zu geben.

Zu 2.: Begeisterung hilft, Vorurteile zu überwinden. Gewiß, wir leben in einer Zeit, die Vertrauensseligkeit schlecht belohnt. Gesunde Skepsis ist angebracht. Doch nicht alles ist gegen Sie gerichtet. Versuchen Sie, objektiv zu urteilen. Sperren Sie nicht Ihre Aufnahmebereitschaft.
Begeisterung schenkt Überzeugung!

Zu 3.: Brennende Wünsche sollten ihre Erfüllung finden. Begeisterung ist ein Motivator, der nichts kostet und dennoch unbezahlbar ist. Geben Sie nicht auf und richten Sie Ihre gesamte Kraft auf die Wunscherfüllung. Mutlosigkeit und Depressionen fordern Energie. Setzen Sie besser diese Energie ein, um sich zu begeistern. Lassen Sie Ihren Optimismus dominieren. Sie werden Ergebnisse erzielen!

Zu 4.: Begeisterung ist gesunde Motivation. Sie ist der Antrieb, den wir benötigen. Diese «Tankstelle» Begeisterung ist im Grunde nie geschlossen. Um uns fortbewegen zu können, müssen wir tanken. Der Preis hierfür ist der Wille!

Zu 5.: Begeisterung kann Kräfte in uns freilegen, die wir längst verschüttet glaubten. Unerwartete Leistungen können vollbracht werden. Begeisterung für eine bestimmte Sache kann die «Es geht nicht»-Einstellung besiegen. Die meisten Aufgaben sind nur scheinbar unlösbar oder stellen sich nur schwierig dar. Es wird keine unüberwindbaren Hindernisse auf Ihrem Weg zum Erfolg geben!

Zu 6.: Sie wünschen mehr Erfolg. Demnach müssen Sie anders sein und reagieren als die meisten Menschen. Begeisterung erregt Aufmerksamkeit. Sie fallen jenen auf, die der freilich unauffälligen Monotonie verfallen sind. Die Gleichheit fördert eine trockene Nüchternheit. Jedes eruptive Gefühl wird vermieden – man ist quasi tot, weil gleichförmig.

Zu 7.: Begeisterung ist wie eine kostbare Blume. Sie muß gepflegt werden! Erfreuen Sie sich an ihr. Kosten Sie Ihre Begeisterung nicht zu selten. Seien Sie stolz auf die Fähigkeit.

Zu 8.: Setzen Sie die Wirkung Ihrer Begeisterung gezielt ein. Diese Kraft wird als Brücke dienen. Sie hilft, das andere Ufer – das Erfolgsufer – zu erreichen. Steuern Sie Ihre Begeisterung und setzen Sie sie maximal ein!

Zu 9.: Begeisterung fördert Ihre Hilfsbereitschaft und die der anderen. Sie weckt das Zusammengehörigkeitsgefühl und vermag, Menschen in ihrer Aufgabe fest zusammenzuschweißen. Der Sinn für gemeinschaftliche Unternehmungen wächst. Schenken Sie Begeisterung, und Sie schenken ein Feuer, dessen Wärme Menschen guttun wird.

Zu 10.: Begeisterung schließt weitgehend Verzögerungen bei Ihren Handlungen aus. Sie aktiviert! Trägheit wird überwunden. Diese Tatsache ist in einer Zeit des zunehmenden Leistungsdrucks besonders wertvoll. Es kann Sie beruhigen, über eine solche Hilfe frei verfügen zu können.

Wodurch kann ich Begeisterung empfinden?

1. Freuen Sie sich auf den neuen Tag
2. Suchen Sie in unbeliebten Tätigkeiten positive Aspekte
3. Geben Sie bereits den Ansätzen Ihrer Begeisterung Ausdruck
4. Achten Sie auf einen gesunden psychischen Zustand.

Zu 1.: Verurteilen Sie keinen Tag mit seinen Anforderungen. Überlegen Sie besser, wie Sie das Optimum an positiven Ergebnissen herausziehen können.

Jeder Tag ist der schönste Tag!

Zu 2.: Unbeliebte Tätigkeiten sollten vorrangig zur Erledigung stehen. Schieben Sie Probleme nicht vor sich her. Es genügt auch nicht, sie lasch zu erledigen. «Egal wie» ist keine gute Einstellung. Übertragen Sie Ihre positive Einstellung auf alle Lebensbereiche.

Verständnis für die Tätigkeiten anderer aufzubringen, ist ein Beweis für Ihre Erfolgsreife.

Zu 3.: Geben Sie öfter den Versuchungen nach, Begeisterung frei zu äußern. Zeigen Sie, daß Sie begeisterungsfähig sind. Versuchen Sie nicht, ein steifes und überwürdiges Benehmen vorzuweisen. Es wäre möglich, daß Sie sich bereits so verhalten. Dann sollten Sie sich die Frage stellen, wie viele echte Freunde Sie trotz dieser abschreckenden Art gewinnen konnten. Es dürften wenige sein. Geben Sie sich natürlich und ansprechbar. Um eine Hand ergreifen zu können, muß ich vorher meine Hand aus der Tasche nehmen!

Zu 4.: Eine positive Entwicklung kommt Ihrer inneren Ausgeglichenheit entgegen. Entlasten Sie sich innerlich. Das versetzt Sie in die Lage, gegen destruktiv angelegte Belastungen gewappnet zu sein. Ein stabiler psychischer Zustand kann den Wert Ihres Durchhaltevermögens bestimmen! Belastbarkeit kann man trainieren.

MERKSATZ: Begeisterung läßt Sie den Glauben in die Tat umsetzen!

Kreatives
Vorstellungsvermögen

Gesunder Menschenverstand

Der Mensch ist in der Lage, instinktiv auf eine überraschend eintretende, kritische Situation zu reagieren. Dies spricht für starke Flexibilität und Anpassungsfähigkeit. Solche Eigenschaften genügen aber nicht jeder Situation. Die Gegenwart erscheint kompliziert und anspruchsvoll. Sich in ihr behaupten zu können, verlangt stärkere Sicherheiten und ausgebildete Veranlagungen.

Jeder Mensch trägt die Gabe des kreativen Denkens in sich. Erfolgsmenschen beanspruchen ständig das kreative Vorstellungsvermögen. Schwierige Probleme werden dadurch gemeistert. Nehmen wir das als beispielhaft. Verleugnen wir nicht, daß auch wir diese Fähigkeit in uns tragen. Der Verstand ist uns gegeben, um gebraucht zu werden. Sein Einsatz bestimmt, was und wie wir sind. Keiner käme auf die merkwürdige Idee zu behaupten, Finger wären nur vorhanden, um getragen zu werden. Sie sind wertvoller Bestandteil unseres Körpers. Der Verstand ist das wertvollste Werkzeug! Sein Einsatz sichert die Existenz des Trägers.

Was ist zu tun?

Ich muß nichts anderes tun, als ... *nachdenken!* Vieles hat der gesunde Menschenverstand «erdacht». Blicken wir uns um. Wir können die Ergebnisse sehen. Unübersehbare Zeichen sprechen dafür. Franklin D. Roosevelt sagte einmal: «Ich habe immer gefunden, daß eine Brücke das beste Symbol für gesunden Menschenverstand ist.»

Arbeiten Sie daran, Ihre Vorstellungskraft zu schulen. Es wird Ihnen helfen, kreativ und konstruktiv zu denken. Gerne wird nach dem Motto gelebt: «Gestatten, wo lassen Sie denken?» Albert Schweitzer antwortete auf die Frage, was seiner Ansicht nach nicht mehr mit den Menschen stimme: «Die Menschen denken einfach nicht mehr.»

Allzu gerne wird Verantwortung abgegeben. Begehen dagegen die Neuverantwortlichen Fehler, werden sie für unfähig gehalten und angeklagt. Sie werden dafür bestraft, Risiken auf sich genommen und für andere gedacht zu haben.

Wir bauen Maschinen und Computer in der Absicht, das menschliche Gehirn zu entlasten oder – wenigstens teilweise – zu ersetzen. Erwartungen an die Technik werden höher und höher geschraubt. Und letztlich erwarten wir gar so etwas wie Kreativität von dieser Technik. Doch auch ein Computer kann bislang nur das wiedergeben, was in ihn eingespeichert wurde. Dem Menschen bleibt das Denken nicht erspart.

Setzen Sie Ihre Verstandesgaben primär zur Ichbeherrschung ein. So verwenden Sie Ihren Verstand für sich, zu Ihrem Nutzen. Produzieren Sie Ideen! Der Glaube des Buddhismus enthält die bedeutungsvolle Aussage: «Alles, was wir sind, ist das Resultat unserer Ideen.»

Ihre heutigen Ideen bestimmen Ihre Zukunft. Das Morgen sollte immer das Heute überstrahlen. Richten Sie deshalb Ihren Blick in die Zukunft. Es genügt nicht, den Blick gesenkt zu halten und dabei nur den nächsten Meter überschauen zu können.

Macht über sich

Der römische Kaiser Marc Aurel: «Unser Leben ist so, wie unsere Gedanken es formen.»

Danach können Sie den Ablauf Ihres Lebens weitgehend bestimmen. Der Mensch ist das Resultat seiner Gedanken. Ein Mensch ist so, wie er denkt!

Ihr Verstand gehört Ihnen allein. Und dieses Wunder können Sie in Anspruch nehmen, um sich zu vervollständigen. Geben Sie Ihrem Menschsein Ausdruck. Prägen Sie Ihr Persönlichkeitsbild. Beginnen Sie, Ihren Geist konzentriert einzusetzen. Dadurch formen und kontrollieren Sie sich gleichzeitig. Sie bestimmen Ihre Entwicklung. Dauerhafter und gesunder Erfolg verlangt das positive Denken. Denken Sie negativ, werden Sie negativ handeln. Sie sind, wie Sie denken. Es ist selten ein Zufall, daß man Menschen ihre negative Einstellung ansieht. Jedes Verhalten wird von der inneren Haltung diktiert. Lächeln Sie, achten Sie auf die Sprache Ihres Körpers und vertreiben Sie unnötige Hemmungen.

Der Gedanke ist Ursprung

In allem, was wir sehen, steckt der ursprüngliche Gedanke. Jemand hatte es satt, auf dem Boden sitzen zu müssen. Also erfand er den Stuhl. Der oft mühselige Weg – von der Idee bis hin zur Ausführung – läßt die meisten Menschen scheitern. Mangelndes Selbstvertrauen und simple Bequemlichkeit sorgen für konsequente Inaktivität. Es ist gut, daß der Mensch – letztlich von Neugierde getrieben – nicht ruhen kann. Die Erwartungen springen ihm voraus. Er wird kreativ.
Kreative und aktive Wegbereiter bahnbrechender Erfindungen wurden und werden oftmals verkannt oder ausgelacht. Auch Henry Ford ging es so, als er auf die kühne Idee kam, ein Automobil zu bauen. Eine Kutsche, die sich aus eigener Kraft vorwärtsbewegen kann? Unmöglich! Diese Idee sprengte die Vorstellungskraft der meisten seiner Kritiker. Doch Henry Ford hatte sein Ziel erkannt, und seine Begeisterung trieb ihn voran. Noch lange mußte er Spott ertragen, bis er sich endlich durchsetzen konnte. Wie verändert würde die Gegenwart aussehen, wäre das Auto nicht erfunden worden?! Eine einzige Idee kann weltweite Bedeutung erlangen!

MERKSÄTZE: Wie kreativ bin ich? Habe ich eine Idee? Wie sehr begeistert sie mich?

6 Milliarden Ideen

Nach Schätzungen produziert der Mensch in seinem Leben durchschnittlich sechs Milliarden Ideen. Wie werten wir dieses ungeheure Potential aus?
Grundsätzlich sollten Sie ständig Papier und Schreibzeug bei sich tragen. Die große Idee könnte überraschend auftauchen und sollte notiert werden können. Verwerfen können Sie jede Idee. Doch aufge-

zeichnet muß sie sein. Weil dies nicht getan wurde, wurden schon viele wertvolle Ideen vergessen.

Reagieren Sie lebhaft und schnell auf Ideen. Ihrem persönlichen Arrangement bleibt es überlassen, wie sich Ihre Zukunft gestalten wird. Lösen Sie sich von der Bequemlichkeit, diesem «Vier-F-Denken»: Feierabend, Filzpantoffeln, Fernsehen, Flaschenbier. Vier Begriffe, die das durchaus übliche Freizeitverhalten ausdrücken. Nutzen Sie Ihre Chancen. Jede in die reale Szenerie umgesetzte Vorstellung kann sich äußerst vorteilhaft auswirken.

Verweilen wir ein wenig bei guten Ideen. Was könnte ein Stückchen Papier, mit einer Formel beschrieben, wert sein? Würden Sie dafür fünfhundert Dollar bezahlen? Es gab einen Apotheker, der dieses Angebot akzeptierte. Zu diesem Preis erwarb er ein Rezept. Es zeigte die Herstellungsformel für einen süßlichen Wassertrunk auf. Was nicht auf dem Papier stand, war die Vorstellungskraft, die der Käufer mit einbrachte. Das, was aus dem Rezept entstanden ist, kennen wir alle: Cola. Der Verkäufer hatte dieselbe Ausgangsbasis und verdiente fünfhundert Dollar. Der Käufer wurde ein schwerreicher Mann. Der Einsatz kreativer Vorstellungskraft kann sich lohnen.

Geträumte Problemlösungen

Träume sind nicht immer Schäume. Sie können Problemlösungen aufzeigen. Man kann sich erziehen, Träume zu merken. Einige große Erfinder lösten im Schlaf Schlüsselfragen. Qualifizieren wir also den Traum nicht ab! Das Unterbewußtsein übt hierbei eine wichtige Funktion aus. Es schläft nur zwei Stunden parallel mit dem Bewußtsein. Hat also Zeit, sich mit ungelösten Aufgaben und Fragen zu beschäftigen. Wie ein Computer sucht und tastet es sich in den Erfahrungsschatz hinein. Lösungen und Informationen können sich durch den Traum anbieten. Kreativität findet demnach ihren zeitlichen Ursprung nicht selten in der Schlafphase.

Was das kreative
Vorstellungsvermögen bewirkt

1. Hilft Zweifel zu überwinden
2. Stärkt den Glauben an sich selbst
3. Regt zu Leistungen an
4. Läßt Zusammenarbeit entstehen.

Das kreative Vorstellungsvermögen hält Lösungen parat. Zweifel werden reduziert oder ausgelöscht. Eine gute Idee kann Belastungen die Priorität nehmen. Erfolgserlebnisse werden eingeleitet. Das wiederum stärkt unser Selbstbewußtsein. Unser Selbstimage gewinnt und wird durch die Feststellung untermauert, brauchbare Überlegungen angestellt zu haben.

Konnten Sie durch kreative Gedankenzüge konkrete Ansatzpunkte finden? Dann sollten Sie konzentriert eine klare Konzeption erstellen. Bislang trübe Vorstellungen können an Farbe gewinnen und transparent werden. Es kann begonnen werden, eine bislang geistige Skizze optisch darzustellen. Korrektur und Präzisierung sind wichtige, nächste Schritte. Produzieren Sie Verbesserungsvorschläge. So wird eine Leistung zur außergewöhnlichen Leistung.

Dient ein Ausgangspunkt mehreren Menschen als Anregung, kann dies nur von Vorteil für alle sein. Vorstellungen werden mit dem Ziel geäußert, einen gemeinsamen Nenner zu finden. Der Teamgeist wird gefördert. Die Multiplikation der Ideen vergrößert die Chance, *den* Treffer zu finden. In der Fülle bester Einfälle kann der große Erfolgsgedanke sein.

Fähigkeiten des Gehirns

Ihr Gehirn birgt die Fähigkeiten:
1. Kreativ zu denken
2. Logisch zu denken
3. Wissen zu speichern.

Zu 1.: Aus der Funktionskraft des kreativen Denkens resultiert die Vorstellungsgabe. Die Vorstellungskraft in Aktion stellt die zweite Phase dar. Ein Gedanke wird konkretisiert.

Zu 2.: Logisch durchleuchtet fällt eine Gedankenkette gerne in sich zusammen und verliert an interessanten Aspekten. Logisches Denken hilft gleichzeitig, die Urteilskraft zu stärken. Logische Denkvorgänge helfen, wilde Theorien zu ordnen.

3.: Unser Gehirn erfüllt als Teilfunktion, Informationen zu speichern. Wiederholungen helfen, das geistig Erfaßte nicht zu vergessen. Das Gehirn hält sich unglaublich zuverlässig an seine Aufgaben. Informationswerte werden abrufbereit gespeichert. Sie schlummern, bis sie abgerufen werden. Wir setzen dabei Schwerpunkte. Sie sind der Herr Ihrer Gedanken und bestimmen deren Aktualität. Beschäftigen Sie sich nur mit Fakten, die Ihnen weiterhelfen können! Aufgeschlossenheit allgemeiner Art, gezieltes Interesse und innere Aufnahmebereitschaft sind Voraussetzungen zur Aufnahme wichtiger Wissenspunkte. Auch aktiviertes Vorstellungsvermögen kann helfen, einen Mangel an Bildung oder Erfahrung zu kompensieren. Die natürliche Kreativitätsfähigkeit des Menschen läßt es zu, einen gewissen Ausgleich zu schaffen.

Kreativitätsentwicklung

1. Vorhandenes neu ordnen
2. Neues aus bekannten Fakten entwickeln
3. Vollkommen Neues entstehen lassen

Zu 1.: Bereits vorhandene und bekannte Dinge, Umstände und Eindrücke sind es immer wert, neu geordnet und aufbereitet zu werden. Vorhandenes analytisch betrachtet, bietet genug Denkanstöße. Überlegen Sie, was verbessert werden könnte. Der Stuhl, auf dem Sie sitzen, ist ebenfalls das Resultat laufender Verbesserungen.

Zu 2.: Jede Änderung ist eine Anpassung an die Anforderungen oder Gegebenheiten der jeweiligen Gegenwart. Früher zählte man mit Holzstäbchen. Heute rechnen wir mit elektronischen Impulsrechnern. Solche Entwicklungen sind notwendig. Sie sind immer Vorbereitungen mit Zielrichtung Zukunft. Auslöser sind neue Erkenntnisse aus Wissenschaft und Forschung. Wir Menschen reifen. Verleugnen Sie nicht Ihre persönliche Reife!

Zu 3.: Echte Neuheiten zu schaffen, macht es erforderlich, vorerst phantastische Bilder darzulegen. Alles um uns herum war zuerst Phantasie – mußte erdacht werden. Basis ist die verstandesmäßige Kreativitätsaussage. Äußerten Sie ebenfalls schon bei Gelegenheit: «Das hätte ich auch erfinden können!»? Weshalb taten Sie es dann nicht? Blicken Sie nicht gleichgültig auf bereits Vorhandenes. Setzen Sie sich mit den Erfordernissen der Zukunft auseinander. Sie sind ein Teil der Zukunft!

MERKSATZ: Albert Einstein: «Die Vorstellungskraft ist wichtiger als das Wissen.»

Finden von Lösungen

Glück und Leistung

Jeder Mensch verfügt über produktive Kräfte, die, werden sie mobilisiert, neue Möglichkeiten eröffnen. Aber kein wirklicher und vor allem dauerhafter Erfolg ist nur mit Glück zu begründen. Wir sind gerne bereit, das Glück für nennenswerte Erfolge anderer Menschen verantwortlich zu machen. Damit glauben wir also mehr an den Zufall als an bahnbrechende Fähigkeiten.

Auch uns selbst sprechen wir manchmal Fähigkeiten ab, legen die Hände in den Schoß und warten auf das «große Glück». Eine unangebrachte Labilität läßt uns den angeblich leichteren Weg wählen. Wir warten und bleiben inaktiv. Für Glück – so meinen wir – ist keine Vorleistung zu erbringen.

Merken wir uns, daß Glück keine Garantie ist, Erfolg frei Haus geliefert zu bekommen.

Viele Menschen glauben, den Erfolg pachten zu können. Doch bevor der Erfolg eintrifft, muß die Gelegenheit gefunden sein. Orientieren Sie sich an Beispielen. Nehmen Sie eine kleine Büroklammer in die Hand und betrachten Sie dieses Werk. Es brachte dem Erfinder ein Vermögen ein. Solche Beispiele bestärken uns in der Ansicht, daß es doch relativ einfach sein müßte, durch Gestaltung und Ausschöpfung einer Idee Erfolg zu haben. Statt diesen Gedankengang als Grundsatz anzunehmen, wird es meist bei der Einsicht belassen.

Ich darf nicht nur reden, sondern muß anfangen zu erleben!

Realisieren Sie Gedanken. Gleichgültigkeit und Lethargie animieren leider den Verstand, sich für unwichtigere Dinge einzusetzen. Große und für Sie wichtige Aufgaben, die einer gesunden Zielsetzung entwachsen sollten, dürfen nicht ignoriert werden. Setzen Sie Fleiß und Energie ein. Größtmöglich!

Konzentrieren Sie sich auf die Zielerfüllung. Vielleicht übersahen Sie in der Vergangenheit großartige Chancen. Es wäre falsch zu glauben, es gäbe keine Gelegenheiten mehr, erfolgreich zu werden. Es gibt

Möglichkeiten genug. Halten Sie Ihren Verstand wach! Blicken Sie bewußt auf Dinge, die sich angeblich ausgereift präsentieren. Im Grunde sind sie meist unvollendet. Suchen Sie verbissen Ansatzpunkte, wo und wie Sie Ihre Talente und Fähigkeiten einsetzen können. Setzen Sie sich das unumstößliche Ziel, erkannte Möglichkeiten tatsächlich voll auszuschöpfen. Suchen Sie sich ein Vorbild. Es wird Sie motivieren, im Erfolg gleichzuwerden.

Gewinnbringende Analysen

Jede Situation sollte in der Absicht analysiert werden, sie gewinnbringend zu verwerten. Es gibt keine hoffnungslosen Situationen. Es sind die Menschen, die Hoffnungslosigkeit in eine Situation hineinlegen! Nehmen Sie eine Aufgabe unverdrossen in Angriff. Verjagen Sie subversive Gedanken. Solche Gedanken sind gleichsam Parasiten, die Ihre gute Motivation zerstören wollen. Solche destruktiven Einwirkungen sind in eine Richtung entwickelt und enden in der Aufforderung: es geht nicht. Anlaß genug für Sie, sich in Bewegung zu setzen und ausschließlich motivierende Gedanken zu akzeptieren.

Die Tagträumer

Der Wunsch läßt uns träumen. Doch Träume genügen nicht, um erfolgreich zu werden. Vermeiden Sie Inaktivität. Von nichts kommt nichts. Dieser altbekannte Realitätsgrundsatz steht allen Träumern gegenüber. Solche Tagträumer sind uns sicherlich bekannt. Sie motivieren sich stark durch das eigene Gerede und vergessen prompt, die Tat folgen zu lassen. Worte tragen den Körper nicht!
Sie müssen alles – was Sie haben – einsetzen! Sonst wünschen Sie nicht wirklich. Sonst bleibt der Wunsch in die vorgeleistete Resignation eingebettet. Versuchen Sie niemals eine Brücke zu überqueren, bevor Sie sie erreicht haben. Auch nicht gedanklich.
Lassen Sie sich nicht bedingungslos treiben. Treiben lassen bedeutet, sich von außen formen zu lassen. Fremdeinwirkungen können rasch überhandnehmen. Jede Umwelt versucht, Sie in ein Klischeeverhalten zu pressen. Sie sind in Gefahr, zum Spiegelbild einer gelebten Gleichgültigkeit zu werden. Vermeiden Sie es, den totalen und vor-

programmierten Gleichschritt anzunehmen. Ihre Individualität kann nicht dulden, in Gleichförmigkeit unterzugehen. Statuten, die die Hoffnungslosigkeit als Privileg ansehen, sollten Sie nicht formen können. Sie sind auf der Welt, um sie positiv mitzugestalten; nicht, um sich von der Umwelt negativ formen zu lassen. Identifizieren Sie sich nicht mit der Erfolglosigkeit.

Wenn Sie das Thema «Finden von Lösungen» richtig auswerten, werden Sie erstaunt sein, wieviel Eigenpotential Sie plötzlich entdecken. Potential, das wahrscheinlich andere Menschen längst erkannten. Wie lange schon tragen Sie die Eintrittskarte in der Hand, die es erlaubt, den «Klub der erfolgreichen 5 %» zu betreten? Wahrscheinlich verstanden Sie bislang nur die Aufforderung nicht, es zu tun. Sie duldeten, daß man Sie blendete und versteckten Ihr eigenes Licht. Beleuchten Sie Möglichkeiten, denn eine einzige gute Möglichkeit kann schon zum Rettungsseil für Sie werden. Die Suche nach Möglichkeiten stellt Hoffnungen in Aussicht. Dies kann Ihnen helfen, Zweifel, Angst und Sorgen zu überwinden. Innere Ausgeglichenheit ist eines der lohnenden Resultate. Hieraus resultiert ein Übertrag zur physischen Seite. Man schätzt, daß etwa siebzig Prozent aller Kranken ihre Gesundung zumindest selbst einleiten könnten. Könnten sie nur ihre inneren Ängste, Spannungen, Sorgen und übermäßigen Stressreaktionen überwinden. Wir wissen, daß der Mensch ein Produkt seiner Gedanken ist – ein Spiegelbild seiner Einstellung. Deshalb können Ängste und Zweifel verhindern, daß die Tür zur Gesundheit aufgestoßen wird.

Wir müssen glauben! Angst ist Unsicherheit!

Die Sorgenanalyse

Eine Spannung ist erlaubt. Es ist die Spannung, die die Erwartung auf den Erfolg zu schenken vermag. Sorgenbedingte Spannungen und Verkrampfungen sind es meist nicht wert, aufgebaut zu werden. Vier Fünftel unserer Sorgen treffen niemals ein oder können in der Auswirkung nicht beeinflußt werden! Aufgeschlüsselt stellt sich das so dar:

40 % sind unnötige Sorgen (treffen nie ein)

30 % sind unabänderliche Sorgen (keine Beeinflussungsmöglichkeit)

10 % gesundheitsbedingte Sorgen.

Akkumuliert ergeben sich 80 %. Bleiben:
12 % kleine Sorgen
 8 % echte Sorgen (begründete Sorgen).

Unabänderliche Sorgen liegen meist in der Vergangenheit begründet. Sie sind insgesamt nicht mehr zu eliminieren. Der weitere Verlauf kann nicht mehr entscheidend beeinflußt werden.
Sorgen, die die Gesundheit betreffen, sind meist zukunftsorientiert. Wir sorgen uns im voraus, ohne den tatsächlichen und künftigen Ablauf beeinflussen zu können. Eine schleche Prophylaxe.
Unter «kleine Sorgen» verstehen wir begründete, kleinere Sorgen. Sie können in vorübergehender, kurzphasiger und ertragbarer Zusammensetzung auftreten.
In praxi sorgen wir uns jeden Tag. Mit Vorliebe erzählen wir unsere Sorgen gerade solchen Menschen, die uns nicht helfen können oder auch nicht helfen wollen. Es ist ein großer Irrtum und Zeichen von Selbstüberschätzung zu glauben, ausgerechnet die persönlichen Sorgen wären die größten, kompliziertesten, unlösbarsten Sorgen ihrer Art.
Sich unnötig sorgen, heißt Mißerfolg borgen.

Gesunder Stress

Stress ist dann extrem ungesund, wenn man seine Arbeit mit Unmut und Unwohlsein verrichtet. Wissenschaftliche Erkenntnisse bestätigen diese Theorie.
Stress kann absolut gesund sein, verfolgt man sein Ziel mit Freude und Erwartung. Diese positive Einstellung befreit vom Druck. Krankheiten wie Kopfschmerzen, Magengeschwüre, Herzstörungen, Schlaflosigkeit und viele andere Funktionsstörungen würden oftmals nicht in Erscheinung treten, könnten Ängste und Sorgen, Druckempfindungen und Mißmut verkraftet bzw. überwunden werden. Denken Sie darüber nach! Erinnern Sie sich daran, daß achtzig Prozent aller Sorgen nie eintreffen oder nicht beeinflußt werden können. Innere Unausgeglichenheit ist schädlich und kann ebenfalls in dem «großen Stress» gipfeln. Das Krankheitsrisiko läßt sich reduzieren.
Suchen Sie in jeder Situation positive Aspekte.

Suche nach Möglichkeiten

Die Möglichkeit verlangt den Glauben an sie! Was erfordert die Möglichkeitsfindung?

1. Ehrgeiz
2. Klare Denkfähigkeit
3. Tatkraft
4. Durchhaltevermögen

Ohne Ehrgeiz gäbe es keine Siege!

Die klare Denkweise sollte als Basispunkt die Ehrlichkeit besitzen. Befassen Sie sich nach Möglichkeit nicht mit gedanklichen Winkeln und Sackgassen. Diese irritieren und beanspruchen Sie über Gebühr.

Nur Tatkraft vermag ein Bild zu ändern – nicht der Gedanke alleine. Leistung drückt sich nicht im Theoretisieren aus. Was nützt der beste Plan, wenn er nicht in die Tat umgesetzt wird?

Vollenden Sie jedes erfolgversprechende Werk. Eine halbfertige Brücke ist ein trauriges und trostloses Gebilde. Sie erfüllt ihren Zweck nur fertiggestellt. Bauen Sie Ihre Brücke! Sie wird Sie zum Ufer des Erfolgs tragen.

MERKSATZ: Es ist egal, wie eine Arbeit ausgeführt wird: Es gibt immer einen besseren Weg, sie zu verrichten. Suchen Sie ihn!

Verlangen

Unbekanntes Ich

Sie sind heute das, was Sie sind, und morgen das, was Sie sein wollen!

Verlangen muß entwickelt werden. Gemeint ist nicht das übliche Verlangen nach Dingen, die eigentlich unwichtig sind. Gemeint ist das Verlangen nach Voraussetzungen, die das Leben formen und ihm den Sinn eingeben: Erfolg.

Wir sprechen nicht mehr von blassen Wünschen, die wir uns vorstellen. Gemeint ist der Trieb, etwas unbedingt zu wollen.

Wir wünschen uns vieles: Autos, Grundstücke, Wertanlagen oder Häuser. Wir wünschen anderen durch den Gruß einen guten Tag, gute Gesundheit oder ein langes Leben. Den Wunsch nach Erfolg setzen wir dabei als urnatürlich, also selbstverständlich voraus. Denn solches Denken gehört zu unserer Einstellung und ist fester Bestandteil der Vorstellungen. Leider liegt dieser Ich-Teil meist brach. Dieser Teil unseres Wesens muß angeregt und sich seiner Stärke bewußt werden – muß zur Auswirkung kommen.

Die Auslagen der Schaufenster, das Auto, Haus, all diese Dinge warten darauf, in Besitz genommen zu werden. Also warten sie darauf, als persönliches Ziel eingesetzt zu werden.

Bestenfalls glauben wir manchmal, diese begehrenswerten Dinge «vielleicht irgendwann» einmal besitzen zu dürfen. Und dieses «vielleicht» und «irgendwann» dienen als Haken, an die wir uns hängen. Doch sie geben nach, und unsere Hände greifen ins Leere. Was sagen wir darauf? «Fast hätte ich es geschafft!» Und während wir solche Worte als angeblichen Beweis unserer Stärke einsetzen, sacken wir weiter ab.

Ihnen darf die Motivation, die den Wunsch zum Verlangen werden läßt, nicht fehlen. Wie stark können Sie sein, welche Kräfte können freiwerden, wenn Sie nur wollen! Verlangen ist ein Motivator, etwas zu tun. Dieser Motivator ist wie ein Keilriemen, der das Rädchen

Wunsch mit der davon abhängigen Maschine «Ausführung» verbindet.

Ohne Verlangen wäre das Leben träge und inhaltslos. Was hindert die meisten Menschen eigentlich daran, wahrhaftiges Verlangen zu entwickeln? Angst! Angst zu versagen. Resignation, bevor begonnen wurde.

Bewundern Sie nicht nur den Erfolgreichen, ohne gleichzeitig das eigene Ich aufzubauen. Ansonsten würden Sie sich ein Ohnmachtszeugnis ausstellen. Dies wäre keine Vorwärtshilfe für Ihr Leben.

Die Angst, zu versagen, liegt in der inneren Unsicherheit begründet. Sie müssen an sich und Ihre Fähigkeiten glauben. Zweifeln Sie nicht an sich, an der Umwelt und allem, was Sie glauben nicht begreifen zu können. Schlimmer ist, auch an dem zu zweifeln, was Sie begreifen könnten.

Nur positive Motivation ist stärker und mächtiger und kann den zweiflerischen Wirkungsgrad degradieren. Sie benötigen Motivation, Hindernisse zu überwinden und Wünsche endlich Wirklichkeit werden zu lassen. Das Verlangen muß gefördert werden! Erst wenn Sie sich von einem «brennenden Verlangen» gepackt fühlen, werden Sie Ihren gesamten Ehrgeiz einsetzen. Erst dann werden Sie so motiviert sein, wie der Erfolg es erwarten darf. Verlangen ist eine notwendige Dienstleistung an sich selbst. Hüten Sie sich davor, sie als lästige Pflichtübung anzusehen. Und reden Sie sich nicht wider besseres Wissen ein, Sie würden es nicht besitzen. So reagiert, würden Sie die Reflexion im Negativen aufzufangen haben. Unnötige Enttäuschungen und neue Zweifel wären die Folgen.

Nur echtes Verlangen schenkt Ihnen die Kraft, die Sie als Investition dem Erfolg überschreiben müssen.

Die menschliche Triebkraft

Eifrig sind Sie nunmehr bemüht, echtes Verlangen in sich zu entwickeln. Sie horchen in sich hinein, um *es* zu erlauschen – dieses treibende Gefühl zu erkunden. Es wäre sogar möglich, in sich eine gewisse Beklommenheit zu spüren. Aber Sie empfinden sie nicht als wirklich unangenehm. Dabei richten sich Ihre Gedanken voller Verlangen auf das gesetzte Ziel. Stunden zählen nicht mehr – Zeiträume werden pauschal betrachtet. Das Ziel lockt stets! Sie denken ununterbrochen daran, es zu erreichen. Dabei hilft Ihre Phantasie, den Traum auszuschmücken – ihn noch erstrebenswerter werden zu lassen. Ihr Unterbewußtsein nahm längst dieses Verlangen an. Sie erforschen täglich dieses Gefühl und stellen fest, daß es stärker wird. Es zensiert Ihre Gedanken und treibt Sie zusätzlich an. Nun besitzen Sie die Einstellung, die notwendig ist, das Leben zu meistern. Doch diese Einstellung muß sorgfältig bewahrt werden. Sie darf unter keinen Umständen brüchig werden.

Täglich müssen Sie Ihre Einstellung prüfen!

Dennoch, was nützt das beste und kostbarste Werkzeug, wenn es nicht zum Einsatz kommt? Die gute Einstellung hilft nur, wenn sie täglich neu bewiesen wird.

Shakespeare: «Unsere Gedanken sind Schwindler, indem sie uns oft daran erinnern, das Gute zu gewinnen und uns Angst machen, es überhaupt zu versuchen.»

Lernen Sie, Ihre Gedanken zu beherrschen. Sie müssen Energie gebündelt auf das Ziel richten. Jeder, der sich in seine Aufgabe hineinsteigern kann, wird sich dort immer wiederfinden. Er wird sich nicht belastet fühlen, sondern die lohnende Aufgabe sehen. Da das Verlangen dominierend fungiert, können Sie stolz darauf sein, diese menschliche Triebkraft erkannt zu haben. Sie ist jederzeit für Ihre Ziele einsetzbar.

5 grundlegende Verlangen

1. Verlangen nach Liebe
2. Verlangen zu leben
3. Verlangen nach Freiheit
4. Verlangen nach Sicherheit
5. Verlangen nach Anerkennung.

Zu 1.: Wahre und unverfälschte Liebe kann Reaktionen auslösen, die sämtliche bekannten Grenzen des Verlangens zu sprengen vermögen. Das Verlangen nach der reinen Mutterliebe dürfte am tiefsten verwurzelt sein. Die Zeit kann Gefühle rauben und hinzuschenken – sie schwächen und stärken. Doch der Erinnerungspegel dürfte in den meisten Fällen zunehmend zur Mutterliebe tendieren.

Liebe besitzt viele Gesichter. Doch alle Ausdrucksweisen fördern das Verlangen. Liebe ist positiv, denn Liebe ist Leben! Der Mensch ist aus Liebe entstanden und wurde geboren zu lieben.

Prüfen Sie Ihre Empfindungen, die Verlangen fordern.

Zu 2.: Das Verlangen zu leben aktiviert uns. Es läßt uns lügen und die Wahrheit sprechen. Es läßt uns streicheln und schlagen. Dieses Verlangen läßt uns unwahrscheinliche Dinge vollbringen. Es kann aber auch zur Selbsterniedrigung führen. Dieses Urverlangen verführt dazu, anderen Schmerzen zu bereiten – durch unsere Reaktion. Der, den wir als Verlierer eingesetzt haben, wird getreten.
Dieses Verlangen treibt in den Protest und vermag Interessen zu verschmelzen. Es hilft Schranken niederzureißen, die vorher als unüberwindbar erklärt wurden. Alles, um überleben zu können.
Dieses Verlangen schafft sich Platz und drängt sich rücksichtslos in den Vordergrund.
Jedermann trägt dieses Verlangen in sich. Tragen Sie dem Rechnung. Verantwortungslosigkeit und Leichtsinn beweisen schlicht Unreife. Solche Eigenschaften versuchen, das Urbedürfnis zu verleugnen.

Zu 3.: Freiheit! Ein Wort, hinter dem sich unendlich viel Geschehen versteckt. Die Freiheit lockt und ruft. Menschen träumen von der Freiheit. Sie glauben an sie und kämpfen um sie. Große Risiken werden dafür eingegangen. Das Verlangen nach Freiheit treibt Menschen an die Grenzen ihrer Möglichkeiten und läßt sie kreativ werden.
Sie wenden sich an die Weltöffentlichkeit. Sie befürworten fundamental die geistige Freiheit. Dafür entfliehen viele ihren Heimatländern. Unterdrückte senden Menschen in der freien Welt laufend Hilferufe. Und die Welt fühlt sich manchmal angesprochen. Mit erhobenem Zeigefinger mahnt man den Vergleich an und verkündet endlich, wie herrlich doch die Freiheit sei. Ein solches Feedback ist schwach, aber typisch.
Doch wehe, der diesbezügliche Ignorant gerät ebenfalls in eine Lage, die seine persönliche Freiheit bedroht. Dann beginnt er zu schreien, wehrt sich verbissen oder resigniert vorschnell. Jetzt erst beginnt er zu begreifen, wie kostbar Freiheit sein kann. Sein Begehren wächst. Und hat er sie wiedergefunden, vergißt er rasch, wie nahe er dabei war, sie zu verlieren. Sie sind so frei, wie Sie sich fühlen!
Seien Sie dankbar, Ihre Gedanken frei referieren zu dürfen. Die geistige Freiheit bietet sich Ihnen an. Sie wurde Ihnen zugedacht, um beansprucht zu werden. Suchen und schauen Sie die weiten Felder der Phantasie.
Freiheit in jeglicher Art: Kosten Sie sie und leben Sie bewußt in ihr!

Zu 4.: Es ist ein weiteres natürliches Grundbedürfnis, sicher und abgesichert zu leben. Und Sicherheit wird gerne offeriert. Ganze Industrien nutzen diesen Urwunsch.

Unsicherheit sitzt überall. Gefahren sollten als Mahnungen verstanden werden. Sie werden angesprochen, Risiken zu vermeiden, und mit der entsprechenden Prophylaxe bekanntgemacht. Sie erkennen, daß Sicherheit einen großen Teil unserer inneren Bedürfnisse abzudecken vermag. Beginnen Sie deshalb, an Ihre Zukunft zu denken. Arbeiten Sie daran, sich existentiell abzusichern. Heute bestimmen Sie Ihre Zukunft! Die Zukunft ist schnell Gegenwart und stellt dann den Istzustand dar. Dann beweist sich Ihre Voraussicht.

Gerade in beruflicher Hinsicht ist die Frage berechtigt, worin die Sicherheit tatsächlich liegt. Was schon sagt ein Arbeitsvertrag aus? Die Sicherheit beschränkt sich genau auf die eingetragene Kündigungszeit. Gewährte, kurze Sicherheit. Die weitaus größere Sicherheit liegt in Ihrem Strebertum begründet.

Sieht der Mensch sich bedroht, wehrt er sich. Sieht er seine Existenz gefährdet, lernt er recht schnell, sich dem geringeren Angebot anzupassen. Spürt er wieder festen Boden unter den Füßen, formt er den Vorsatz, künftig wach zu sein. Er faßt den Entschluß, gleich am nächsten Tag für größere Sicherheit sorgen zu wollen. Sein Vorsatz beruhigt ihn nicht nur vorübergehend, sondern rutscht in das Vergessen ab.

Sichern Sie sich! Sichern Sie sich und diejenigen, die Ihnen nahestehen. Sichern Sie alles, was Sie bisher aufbauen konnten. Sichern Sie sich auch unbedingt Wissen. Es wird immer Ihnen gehören und von Ihnen eingesetzt werden können.

Prüfen Sie die breite Angebotspalette in Sicherheiten genau. Man offeriert in überwältigender und gleichzeitig irritierender Fülle und Form. Sicherheit ist kostbar. Das Verlangen danach entspricht der menschlichen Natur. Dies weiß man und stimmt die Ansprache entsprechend ab. Suchen und beanspruchen Sie zweckmäßige und optimale Sicherheit!

Zu 5.: Frustrierte lechzen besonders nach Anerkennung und Lob. Ihr Verhalten gipfelt in Starrheit. Oft stumm und überaus duldsam verharren sie und warten auf eine brauchbare Problemlösung.

Antrieb tut not.

Wie wohltuend ist es, für eine Leistung gelobt zu werden. Die Leistung wird nicht nur akzeptiert, sondern durch Anerkennung unterstrichen und herausgestellt.

Anerkennung ist kluge Motivation. Denn ein Drang der Menschen ist riesengroß – der nach Streicheleinheiten. Geben Sie ein Beispiel. Erkennen Sie den Wert der Leistungen Ihrer Mitarbeiter, des Mannes, der Frau, des Freundes oder des Kindes an. Gehen Sie aus sich heraus. Dazu muß falscher Stolz überwunden werden. Gefühle sind zu zeigen. Loben Sie, seien Sie aufrecht und geben Sie dem, der verdient hat zu erhalten. Sparen Sie nicht mit Anerkennung. Geben Sie Ihrer Freude Ausdruck. Erkennen Sie an und gebrauchen Sie aufmunternde Worte. Sie werden dadurch an einem Tag mehr Freunde gewinnen als vorher in einem ganzen Jahr!

Ich möchte anerkannt werden und erkenne an!

Arroganz

Bei Bestimmung des Wichtigkeitsgrades der fünf grundlegenden Verlangensarten sollten Sie keine der fünf Arten abqualifizieren. Der Drang des Menschen nach Wichtigkeit aber sitzt besonders tief verwurzelt. Läßt man einen Menschen ignorierend beiseite stehen, fühlt er sich verletzt. Wir alle möchten wichtig sein. Leider ist es dieses Bedürfnis, das die Menschen sich zu wichtig nehmen läßt. Dieser Arroganz kann man zwar unschwer begegnen. Aber solche Begegnungen können Sie beunruhigen, und Sie glauben, das innerliche Flüstern zu hören: «Du bist unwichtig. Du bist zu entbehren!» Teilweise anerzogene Komplexe werden frei und vermischen sich mit der destruktiven Erkenntnis. Diese Mischung schafft sich Bahn. Genau dieser Vorgang leistet dem Provokateur Vorschub. Ein absolut gestörtes Verhältnis ist die Folge. Eine Wand aus Kälte und Unaufgeschlossenheit entsteht als Reaktion.

Viele wagen nicht, eigene Ideen auszuführen und sich zu behaupten. Sie fühlen sich unfähig. Diese Schwäche führt zur falschen Selbstdarstellung. Eingebildete Wichtigkeit erzieht zu arrogantem Benehmen. Glaubt man vielleicht, seinen persönlichen Wichtigkeitsgrad an der Zahl degradierter Menschen ablesen zu können? Blättert man in der Geschichte, stellt sich heraus, daß wirklich wichtige Menschen meist bescheiden und vor allem dem Ziel ergeben lebten. Auf das Podest der Wichtigkeit wurden sie von anderen gehoben. Anerkennung dem, dem sie gebührt!

Gehen Sie daran, sich selbst mehr abzuverlangen!

Persönliche Verlangenserklärung

Da wir regelmäßig an anderen Menschen zu scheitern drohen, müssen wir unsere innere Stärke festigen.
Schreiben wir eine Verlangenserklärung.

Meine individuelle Verlangenserklärung!
Mein bestimmter Lebenszweck ist ....
Ich bin fest davon überzeugt, daß ich meinen Lebenszweck erfüllen und meine gesteckten Ziele erreichen kann. Ich zweifle nicht einen Augenblick daran, daß ich fähig bin, es zu tun.
Ich glaube an mich selbst und meine Fähigkeiten. Ich bin unbeugsam in meiner Bestimmung, unerschütterlich in meinen Überlegungen, unantastbar für Zweifel und völlig unempfindlich gegenüber den Meinungen und negativen Einflüssen all derer, die kein Interesse an meinen Zielen haben.

Legen Sie diese Erklärung schriftlich nieder. In ihr liegt der Schlüssel zum Erfolg. Ignorieren Sie dieses wichtige Thema «Verlangen» nicht. Sonst übersehen Sie, daß es keineswegs schwerer ist, ein Erfolgsmensch zu werden als ein Versager! Der Energieaufwand ist der gleiche.

Wie Sie Verlangen aufbauen können:
1. Durch Glaube an eigene Fähigkeiten
2. Durch Mut zur Realisierung
3. Durch ständige Selbstmotivation

Zu 1.: Nur zu vermuten, daß Fähigkeiten vorhanden sind, ist zu wenig. Glauben Sie an Ihre Fähigkeiten. Erst der Entschluß, den eigenen Fähigkeiten voll zu vertrauen, wird Ihnen helfen, sich bedingungslos einzusetzen. Zögerer werden dem Erfolg hinterherhinken.
Es ist interessant, menschlichen Kontakten Erkenntnisse zu entnehmen. Da sind jene, die dem Anschein nach Geist und Intelligenz besitzen und dennoch wenig erfolgreich sind. Weshalb kauern sie auf der unteren Stufe der Erfolgsleiter? Die Antwort ist erschreckend einfach. Sie wenden ihre Fähigkeiten nicht optimal an. Die Fähigkeiten werden quasi reserviert – ohne zu wissen wofür.

Zu 2.: Verlangen besitzt so lange einen fiktiven Charakter, solange es nicht als Einsatzmittel Verwendung findet.

Es gehört eine tüchtige Portion Mut dazu, erfolgreich werden zu wollen. Doch Wagemut unterscheidet den Sieger vom Verlierer. Wagen Sie es, Hürden zu nehmen, vor denen andere frühzeitig kapitulieren. Scheuen Sie nicht die spöttischen Blicke der Zweifler. Es wird sie immer geben. Befragen Sie nicht ausgerechnet notorische Skeptiker, ob es sich lohnt, bestimmte Gedanken in die Tat umzusetzen. Diese werden stereotyp abraten und versuchen, Sie «auf den Boden der Tatsachen» zurückzuholen. Sie werden versuchen, Sie auf eine Ebene der Stagnation zu führen. Die Motive sind leicht erkennbar. Manche Menschen haben Angst vor dem Eingeständnis, andere als agiler, konsequenter und ideenreicher bezeichnen zu müssen. Je besser Ihre Ideen sind, desto mehr Widerstand durch Besserwisser haben Sie zu erwarten. Wüßte der Besserwisser tatsächlich, was besser gemacht werden könnte, hätte er sein Wissen doch längst ausgespielt! Suchen Sie deshalb nur Rat bei Menschen, denen Sie Vertrauen schenken können. Befragen Sie sich in erster Linie selbst – und sammeln Sie Ihren Mut.

Das Verlangen und der Mut schufen in jeder Zeitepoche Helden. Denken Sie an den Entdecker Kolumbus oder die Männer der ersten Mondfahrt. Wir sollten jedoch nicht nur passiver Zuschauer bleiben und solche grandiosen Leistungen einfach zur Kenntnis nehmen. Auch Sie haben Ihren Bereich, in dem es sich lohnt, Leistungen aufzubauen. Geben Sie Ihrem Verlangen Ausdruck. Reagieren Sie so, wie der Erfolg es verlangt.

Zu 3.: Ständige Selbstmotivation steigert Ihr Verlangen. Heizen Sie dieses Fünkchen Verlangen – das manchmal nur glimmt – an. Schaffen Sie das «brennende Verlangen». Brennendes Verlangen kennt keine unüberwindbaren Hindernisse. Es läßt Sie den Beginn finden, wo andere anfingen zu versagen. Es läßt Sie Klippen umschiffen, weil Sie solche nicht als Widerstand erkennen. Die Möglichkeit sich selbst motivieren zu können, ist eine großartige Gabe. Wärmen Sie sich an der Flamme des Verlangens, damit Sie nicht in Steifheit und Inaktivität verfallen. Dieses heiße Verlangen ist eine jederzeit brauchbare Waffe gegen den Mißerfolg.

Mißerfolg ist ein besonderer Grund, an sich zu arbeiten. Selbstmotivation ergibt eine Verlangenssteigerung. Erfolg muß erkämpft werden. Doch wer die Regeln kennt und anwendet, gestaltet den Kampf zum faszinierenden Spiel um.

Erfolgsorientierte Gesellschaft

Jeder Mensch strebt nach Erfolgsgewinn. Der Erfolgsgewinn orientiert sich an den Vorstellungen. In unserer erfolgsorientierten Gesellschaft wird man vom Strudel der Strebsamkeit mitgerissen. Nicht alle besitzen die Kraft, einer destruktiven Hetze auszuweichen. Um sie zu verkraften, muß Ihr Verlangen konzipiert und ausgerichtet sein.

Das Verlangen nach Verständnis bleibt nicht nur sensiblen Menschen vorbehalten. Die Jugend und das Alter streben besonders nach Verständnis und Anerkennung. Sie melden ihr Vorrecht an, in einer unbereiten Zeit mit allen Vor- und Nachteilen akzeptiert zu werden. Als Entgegnung wird Verständnis oft kleingeschrieben. Dabei wird nicht unbedingt – von in Not befindlichen Mitmenschen – ausschließlich tatkräftige Hilfe erwartet. Aber ein Gespräch und ein Ratschlag genügen oftmals, um zu helfen und aufzurichten. Der verständnisvolle Blick, ein aufmunterndes Lächeln, all das kostet nichts. Es wurde uns gegeben, um verschenkt zu werden. Wir laufen Gefahr, solche Hilfsmittel verkümmern zu lassen.

Die Werteinschätzung

Gehen Sie als Vorbild voran und beweisen Sie, daß Sie vertrauenswürdig sind. Geben Sie dazu Ihre Bereitschaft zu erkennen. Ihr Wert als Mensch wird steigen. Sie werden große Wertschätzung ernten. Dies ist gleichzeitig ein guter und gerader Weg, dem eigenen Verlangen nach Wertschätzung gerecht zu werden. Achten Sie aber auch auf die Gefahr einer persönlichen Wertüberschätzung. Nicht Ihr scheinbarer, sondern Ihr tatsächlicher Wert ist maßgebend. Ein umgedrehter Leitsatz ist vielen zur Devise geworden: Mehr scheinen als sein.

So zeigt man die hauchdünne und sehr verletzbare Fassade einer übersteigerten Wertschätzung. Korrigieren Sie das Fehlurteil derer, die Ihnen nur schmeicheln wollen. Sie sind nicht anfällig gegenüber simplen Schmeicheleien. Denn Ihre Selbsteinschätzung steht auf gesunden Füßen! Sie werden sich kontinuierlich durchsetzen, heute, morgen, übermorgen. Sie werden die Schwächen der Vergangenheit vergessen, denn die aussichtsreiche Zukunft hat bereits begonnen. Sie haben mehr als den üblichen wohlwollenden Schulterklaps zu erwarten. Und auf eine marktschreierische Präsentation Ihrer Person können Sie gerne verzichten. Fördern Sie Ihr Verlangen nach Wertschätzung, und geben Sie sie an jene weiter, die sie ebenfalls verdienen. Durch diesen Akt des offenen Zugeständnisses werden Sie Freunde und Freude gewinnen. Dabei stillen Sie gleichzeitig das eigene Verlangen nach Zuneigung. Das Verlangen nach Liebe und Verständnis findet seinen Ausdruck in der Anhänglichkeit. Sollten Sie beansprucht werden, seien Sie stolz darauf! Sie werden gebraucht. Duldsamkeit und Verständnis sollten für Sie charakteristische Eigenschaften sein.

Die Hörigkeit

Die Liebe kann extreme Auswirkungen haben. Beispielsweise die Hörigkeit – das Verlangen nach Führung. Ein Mensch, der hörig ist und blind vertraut, wird folgen. Egal wohin der Weg führen wird. Sollten Sie sich in der Position eines derartigen Führers befinden, sind Sie zu bewundern und gleichzeitig zu bedauern.

Zunächst kann es erhebend sein, ein lebendiger Wegweiser eines anderen zu sein. In dieser Position können Sie ständig die Schritte hören, die der Folgende setzt. Er füllt Ihre Spuren aus. Ihm ist es gleich, ob seine Schritte größer oder kleiner angesetzt werden müssen. Für ihn ist relevant, Ihre Spur nicht zu verlieren. Er braucht Sie und wird auf Sie hören. Versuchen Sie, seine Selbständigkeit und Eigenverantwortlichkeit aufzubauen. Gelingt dies nicht, sollten Sie sich in guter Form halten. Nur so können Sie die Verantwortung für beide dauerhaft tragen.

Enttäuschen Sie nie, und Sie werden nicht enttäuscht werden.

Eine unreale Welt

Das Verlangen, in eine Art «Traumfreiheit» zu flüchten, kann, muß aber nicht pathologisch begründet sein. Diese extreme Welt verspricht nur scheinbar Freiheit. Dennoch vermag Sie jenen Glück zu schenken, die diese besondere Form der Freiheit gelten lassen und verstehen.

Sind nicht auch Sie schon in diese unwirkliche Traumwelt geflüch-

tet? Was wissen wir von uns und der Macht der Vorstellungskraft?!
Keiner, der sein Heil in jener Welt sucht, darf deshalb verlacht werden.
Es ist eine Möglichkeit, sich ein Ventil zu schaffen, sich auszule-
ben.

Suchen wir wieder die Begegnung mit der variablen Einstellung, die
Verlangen erzeugen und fördern kann. Verlangen will gehalten sein.
Sie zehren davon bis zum Gewinn. Sie kapitulieren nicht vor unge-
wohnten und strapaziösen Situationen. Sie werden erfolgreich
sein!

Zweifeln Sie nicht am Gelingen Ihres Erfolgswerkes. Der Erfolg ist
Ihnen bereits zugeteilt. Sie müssen ihn nur erkennen und annehmen!

Hürden, Höhen und Tiefen

Sie können Schwierigkeiten meistern!
Es gibt keine Gräben, die Sie nicht überspringen können. Es gibt für
Sie keine unüberwindbaren Hürden. Es gibt keine Höhen, Tiefen und
subversiven Eindrücke, die Ihnen schaden könnten. Es ist die negative Einstellung, die manchmal simple Geschehnisse zu Schwierigkeiten avancieren läßt. Wirkliche Schwierigkeiten sind Probephasen.
Die müssen Sie durchlaufen.

Geben Sie Ihre positive Einstellung weiter. Sie haben Ihre Hand mit
«Kreide» eingerieben und hinterlassen bei allen Spuren, denen Sie die
Hand reichen. Spuren Ihrer Einstellung.

Sie müssen erkennen, was erkannt werden muß. Nur erkannte Möglichkeiten bieten Gewähr, sie beanspruchen zu können. Versäumen
Sie nicht zu analysieren, ob unbestreitbar zweckbestimmtes Verlangen gegeben ist. Suchen Sie den Unterschied zwischen dem, was Sie
brauchen, und dem, was Sie wünschen! Verfallen Sie hierbei nicht
einer Selbstbelügung. Nicht alles Gewünschte wird tatsächlich gebraucht. Für Ihre wahren Ziele sollten Sie leben!

«Ich brauche das Essen, und ich wünsche mir ein Haus.» So einfach
und klar sollten Ihre Überlegungen sein. Eine Trübung der Erkenntnisse «muß sein» und «muß nicht unbedingt sein» wird dadurch ausgeschlossen. Ich muß mich ausschließlich auf verlangenswerte Ziele
konzentrieren!

MERKSATZ: *Der Erfolgsmensch wird sich nur dann für Sie verwenden, wenn Sie ein Erfolgsgeheimnis beanspruchen.*
Verlangen ist ein echtes Erfolgsgeheimnis!

Zwischenmenschliche Beziehungen

Fremde und Freunde

Jeder Mensch besitzt die Eigenschaft der Individualität. Jeder Mensch ist *der* Mensch! Ungern möchte er nur als Teil einer breiten Masse angesehen werden. Er ist und fühlt sich als ein individuelles Wesen – eine Persönlichkeit – die uneingeschränkt Beachtung verdient. Dennoch behandeln sich Menschen untereinander oft schlampiger und nachlässiger, als sie es mit Dingen tun, die von sekundärer Bedeutung sein mögen.

Wir sagen: «Die Leute», und meinen einzelne Personen. In der Gesamtaufgabe, die allen Menschen gestellt ist, erfüllt jeder von uns eine wichtige Funktion. Nur durch die Multiplikation einzelner Lösungen konnten all jene Dinge entstehen, die unser Leben auch verschönern. Dies wird immer so sein. Betrachtet man aber die zwischenmenschlichen Beziehungen, bleibt ein bedenkliches Faktum bestehen. Die meisten Beziehungen können als freundliche Bekanntschaft umschrieben werden. Mit der Vergabe wahrer Freundschaften wird sehr gegeizt. Wir erheben Fremde zu Freunden, um sie bereits morgen wieder als Fremde bezeichnen zu können. Ganz wie es beliebt.

Kümmern Sie sich um andere, und man wird sich um Sie kümmern! Und dies, ohne daß Sie im entscheidenden Moment rufen müßten. Ist es das, was Sie sich wünschen? Dann sollten Sie unverzüglich beginnen, Freunde zu gewinnen. Suchen Sie – ab sofort! Denken Sie daran, daß Sie gleichwohl auf Ihre Mitmenschen angewiesen sind. Denn kein Mensch ist eine Insel für sich!

Sie wurden nicht geschaffen, alleine zu sein – einsam zu leben. Was nützt dem Schauspieler seine ausgezeichnete Gabe, fehlt ihm sein Publikum? Er könnte sich nicht produzieren. Denn niemand würde ihm das Gefühl vermitteln zu können, brauchbar zu sein.

Miteinander leben heißt tolerant sein! Das Leben verlangt ständige Anpassung. Da der Mensch die Veranlagung zur Flexibilität in sich trägt, kann er dieser Anforderung genügen. Suchen Sie die Gemeinschaft und gehen Sie in ihr auf. Achten und beachten Sie jeden Menschen. Gehen Sie auf seine Schwächen, Fehler, Gewohnheiten und Vorzüge ein. Erwarten Sie nicht selbstverständliches, gleiches Entgegenkommen und von anderen den Willen, Ihnen gerecht werden zu wollen. Das wird Ihnen Enttäuschungen ersparen helfen.

Es ist zum Sport geworden, andere zu kritisieren. Aussehen, Gestalt, Wissen, Kleidung, Meinungen und Handlungen werden als brauchbar oder unwichtig bewertet. Versuchen Sie prinzipiell, die lobenswerten Eigenschaften anderer zu sehen. Scheuen Sie nicht davor zurück, aufrichtige Komplimente auszusprechen. Jeder von uns besitzt Vor- und Nachteile. Es sind die Vorteile, die gefunden werden wollen. Anhaltspunkte bieten sich genug an. Wenn diese Regel beachtet wird, werden Vorteile für Sie entstehen. Achten Sie unbedingt auf die Berechtigung jedes Lobes. Ansonsten würde man Sie als unehrlichen Schmeichler betrachten. Betonen Sie im Gespräch, wie sehr Sie sich freuen, einen freundlichen Gesprächspartner gefunden zu haben. Dadurch wird jedes verkrampfte Gesprächsklima entspannt. Es ist gut, die gleiche Sprache zu sprechen. Dadurch intensiviert sich jeder Kontakt. Seien Sie aufrichtig. Vermeiden Sie simple Schmeicheleien. Sie werden ab dem Moment unglaubwürdig, da Sie angebliche und nicht gegebene Vorteile unterstreichen. Manchen Menschen ist es sichtlich unangenehm, gelobt zu werden. Sie vermuten skeptisch eine berechnende Absicht. Sie vermuten bewußte Manipulation, die erkannt wurde, und verurteilen den Komplimenteur. Wenden Sie deshalb nur angebracht und wohldosiert Lob an. Erkennen Sie die Wichtigkeit eines jeden, mit dem Sie zusammentreffen. Denken Sie sich in den Menschen hinein. Beweisen Sie Einfühlungsvermögen. Sehen Sie andere in ihrer Art nicht als unlösbare Aufgabe an. Setzen Sie sich unverkrampft mit Ihren Gesprächspartnern zusammen und auseinander. Betrachten Sie nicht generell alle als Gegner. Dies würde Sie unnötigerweise in Abwehrbereitschaft versetzen. Unsicherheit und Aggressivität wären die Folgen. Versuchen Sie sich an anderen Menschen zu erfreuen. Sehen Sie über Absonderlichkeiten hinweg. Jene «Absonderlichkeiten» sind oftmals nur ein Produkt der eigenen Phantasie und Vorstellungsgabe. Setzen Sie Ihr Urteil nicht als endgültig ein. Denn es entspringt selbstgebastelten Gesetzen. Jede Fehlkonsequenz vermag Ihnen einen Freund zu stehlen. Das können Sie sich nicht leisten!

Sie werden wenige Menschen finden können, die in vollkommener Übereinstimmung mit Ihren Wünschen stehen. Vielleicht suchen Sie gerade diesen Typ Mensch?! Dann allerdings werden Sie auf dem Weg zum Erfolg wertvolle Zeit verlieren. Das wird Sie der Möglichkeit berauben, den ungefähren Zeitpunkt Ihres Erfolges auch nur annähernd bestimmen zu können. Denn Sie übertragen den Ablauf Ihrer Erfolgswanderung dem Zufall. Wahrscheinlich werden Sie ein Leben lang nach dem «idealen Partner» suchen – und ihn nicht finden. Zwischenzeitlich ignorierten Sie wahrscheinlich Versuche unzähliger anderer, die hofften, von Ihnen angesprochen zu werden. Leider vergebens, denn Sie fühlten sich nicht angesprochen. Sie haben den Erfolg in einer seiner Verkleidungen nicht erkannt!

Behandeln Sie deshalb jeden Menschen so, als wäre er für Sie die wichtigste Person überhaupt. Ihre Aufgeschlossenheit bewirkt, daß man bereit ist, Ihre Ansichten zu respektieren. Bemühen Sie sich also. Es genügt nicht, jenes verwaschene: «Wie geht's?» loszuwerden. Dieser Ausspruch wird als nichtssagende Gewohnheitsfrage verstanden. Echtes Interesse drückt sich deutlicher aus.

Die Kunst des Lächelns

Immer lächeln!

Lächeln Sie, und Sie werden willkommen sein. Lächeln ist der Ausdruck dafür, daß Sie glücklich sind. Und jeder ist gern mit glücklichen Menschen zusammen. Was sind das für Menschen, die wir persönlich so nett und reizend finden? Sie sind in ihrer Art mit Sicherheit besonders aufgeschlossen, hilfsbereit, gutmütig und freundlich. Sie sind jederzeit und überall gerne gesehen. Es sind ausgeglichene Menschen, die lächelnd den Lebenssituationen gegenüberstehen.

Sollte Ihnen nicht nach Lächeln zumute sein? Dann summen und pfeifen Sie doch einfach Ihre Lieblingsmelodie. Oftmals ein gutes Mittel, Übellaunigkeit zu überwinden. Nur Sie selbst können sich Ihrer unangenehmen Stimmungen entledigen.

Ich will glücklich sein – so gut ich es kann!

Glücklichsein entsteht aus äußeren Einflüssen und inneren Zuständen. Äußere Einflüsse können traurig und glücklich stimmen. Sie bestimmen die Art. Verwehren Sie negativen Strömungen den Eintritt in Ihr Ich.

Investitionen

Lassen Sie andere Menschen über sich erzählen. Manchmal werden Sie staunen, wie bereitwillig sie über ihre Freuden und Leiden berichten. Hören Sie zu. Und vor allem, hören Sie hin! Warten Sie nicht auf Angebote, Sie als Freund einzustufen. Machen Sie den ersten Schritt!
Um andere erkennen zu können, müssen Sie sich selbst kennen! Wie sonst könnten Sie gerecht urteilen, mitbestimmen und versuchen, Vorbild zu sein? Selbsterkenntnis gewährt Einlaß in die Psyche eines anderen Menschen. So können Sie Vertrauter und Ratgeber sein. Kann ich nicht durch meine eigene Türe gehen, bleiben mir die Türen anderer verschlossen!

Zur Pflege zwischenmenschlicher Beziehungen muß ich folgende Investitionen einsetzen:
1. Abgabewillen
2. Zuhörbereitschaft
3. Fairness
4. Verständnis

Zu 1.: Versuchen Sie, dauerhafte Hilfe zu bieten. Schenken Sie nicht nur einen Fisch, der für einen Tag sättigt, sondern lehren Sie zu angeln. Ratschläge sind schnell erteilt. Doch fragen Sie sich, ob Sie wirklich hilfreich waren. Ihr Rat sollte den kritischen Verhältnissen des Ratsuchenden angepaßt und vor allem realisierbar sein. Er darf nicht überfordern. Helfen Sie, nicht nur den Moment zu überbrücken. Morgen schon könnte der Hilflose Ihr Helfer sein. Jeder kann auf Rat angewiesen sein. Helfen Sie deshalb schnellstmöglich.
Sie müssen geben, um zu bekommen!

Zu 2.: Das Bedürfnis nach Aufmerksamkeit schafft sich zunehmend Bahn. Die Gesellschaft verlernt zuzuhören. Das eigene Thema erscheint uns immer interessanter und aktueller. Wir glauben uns damit zu überfordern, das «Geplapper» der anderen zu ertragen. Zudem wird deshalb permanenter Zeitmangel vorgeschoben.

Verzweifelten und Ratsuchenden ist es weitgehend egal, ob es ein Fremder ist, der zuhört. Hauptsache, die Möglichkeit zur Aussprache besteht. Distanzieren Sie sich von jener weitverbreiteten Gleichgültigkeit. Ein auf die Straße fallendes Geldstück veranlaßt viele Menschen, sich unverzüglich umzudrehen. Verzweifelte Rufe dagegen gehen im Lärm einer hetzenden Gesellschaft unter. Zwischenmenschlich neigt der Fortschritt zum Rückschritt zu werden.

Hören Sie zu!

Zu 3.: Handeln Sie fair! Durch Fairness können Zugeständnisse rascher erzielt werden. Ohne Druck und die besondere Anfrage einsetzen zu müssen. Gerade jene, die Sie auf Ihrer Seite wähnen, sollten Sie fair behandeln. Dadurch räumen Sie die Chance zu einer Freundschaft ein. Zumindest wird man Ihnen Respekt zollen.

Seien Sie auch in Ihren Ratschlägen fair. Geben Sie nicht scheinbares, sondern nur sicheres Wissen weiter. Geben Sie Empfehlungen, die sich bewähren können. So werden Sie bald als geschätzter Ratgeber gelten.

Zu 4.: Einfühlungsvermögen und Verständnis sind grundnotwendige Voraussetzungen, um endgültige Urteile fällen zu können. Wir neigen zur vorschnellen Verurteilung.

Ich muß verstehen, um urteilen zu können!

Nur der hat das Recht zu urteilen, der selbst in Ordnung ist.

Feedback

Auf jede Aktion erfolgt eine Reaktion. Diese unbestreitbare Tatsache spiegelt sich täglich in den verschiedensten Geschehnissen. Jeder Mensch agiert unablässig. Und jeder von uns kann unablässig Reaktionen erwarten. Unser Verhalten bestimmt die Qualität. Rufen Sie in den Wald: «Ich hasse dich!», kommt «ich hasse dich!» zurück. Wählen Sie in Erwartung einer positiven Reaktion dagegen den Ruf: «Ich liebe dich!», werden Sie nicht enttäuscht werden.

Überdenken Sie das Ergebnis Ihres bisherigen Verhaltens. Überprüfen Sie Ihre Verbindungen und Beziehungen. Wie stehen Sie zu Ihrem Freundeskreis? Wie steht Ihr Freundeskreis zu Ihnen? Erinnern Sie sich Ihrer: «Ich liebe dich» und «ich hasse dich». Jedes Echo sollte Ihr Kontrollmittel sein. Gleichzeitig erhalten Sie die Antwort auf die Frage, ob Ihr Weg richtig war und ist.

Ambitionen zur Tyrannei

Abraham Lincoln bemerkte einmal: «Kein Mensch ist gut genug, um über andere Menschen ohne seine Zustimmung zu herrschen!»

Der Mensch versucht mit Vorliebe zu herrschen. Die reale Vielfältigkeit, solche Ambitionen auszuleben, genügt ihm nicht. Er setzt seine Phantasie ein und mißbraucht seine Verpflichtung, zum Wohle anderer Kreaturen da zu sein. Er ist ständig auf der Suche, womit und wie er andere knechten kann. Viele solcher großen und kleinen Tyrannen leben unter uns und nutzen schamlos ihren jeweiligen Verantwortungsbereich aus, um Demütigungen und Tritte zu verteilen. Sie leben von den angstvollen Blicken eines eingeschüchterten Publikums. In schier unausrottbarem Eifer neigen sie zur Klassifizierung. Die Kontinuität der Arroganzbezeigungen in allen Gesellschaftsschichten ist erschreckend. Eine aufpolierte Art des Kastendenkens will nicht untergehen.

Gehen Sie gegen solche destruktiven Entwicklungen an. Sprechen Sie mit Menschen und versuchen Sie, Vertrauen zu ernten. Freilich müssen Sie dabei riesige Müllhalden des Mißtrauens durchqueren. Zumindest können Sie verhindern, daß jene Berge in Ihrer Umgebung weiterwachsen. Es ist unnötig, Angst vor Kommunikation zu haben.

Fragen Sie sich vor jedem Gespräch:

1. Was habe ich zu verlieren?
2. Was könnte es mir schaden?

Sie können nur gewinnen! Das offene Gespräch kann nicht schaden. Ihr Verhalten kann nur denen schaden, die für diese menschliche Notwendigkeit jedes Verständnis verloren haben.

Das emotionelle Diktat

Das menschliche Gesamtverhalten richtet sich nach bestimmten Systemen. Jede Bewegung entspringt gedanklichen Impulsen und drückt Botschaften aus. Emotionen diktieren entscheidend das Verhalten des Körpers. So spricht auch der Stumme eine Sprache. Für Sie ist es immens wichtig, diese nonverbalen Sprachsignale zu verstehen und zu verwerten. Ihre Beobachtungen bestimmen Ihre Reaktionen. Wie verhalten Sie sich in der Interaktion?

Arrogante Menschen heben ihren Kopf besonders hoch und blicken symbolisch auf alles herunter. Ebenso drückt sich übersteigertes Selbstbewußtsein aus. Solche Menschen denunzieren bereits durch den abwertenden Blick. Das sollte Sie nicht irritieren! Es genügt zurückzulächeln und den Blick fest und sicher zu halten. Da es meist Neurotiker sind, die Sie nun ansprechen, werden Sie viele Unsicherheiten entdecken können. Freundlichkeit ist das Feindbild jeder Arroganz.

Dem Stier ähnlich, ziehen aggressive Menschen ihren Kopf ein. Sie sind bereit loszustürmen – anzugreifen. Ständige Ängste, als weniger wichtig bewertet zu werden und zu versagen, bestimmen solches Verhalten. Sie versuchen solche unangenehmen Überlegungen regelrecht niederzuwalzen. Begegnen ihnen aber Schwächen und Ungefestigtsein, leben sie nach Ihrem Wahlspruch: «Der Stärkere hat immer recht». Aber auch in solchen Fällen genügen oft wenige Worte, um die angebliche Härte zu erschüttern. Sagen Sie: «Sie sind sehr hart. Und gerade deshalb freue ich mich, daß wir uns so gut verstehen.» Dieser Satz streichelt, lobt, zerpflückt und setzt voraus. Der Angesprochene jedoch interpretiert mehr in diese Aussage. Hart zu sein, ist gut. Davon geht er aus. Daß Sie «gerade deshalb» mit ihm auskommen, enthüllt nur für Sie den eigentlich denunzierenden Charakter Ihrer Worte. Daß Sie sich freuen, ist für ihn ein Antrag und läßt Sie seiner Ansicht nach mit offenen Armen dastehen. Er stellt Übereinstimmungen fest. «Wir verstehen uns.» Ist er doch, wie jeder Mensch, auf der Suche nach Verständnis. Er ist zufrieden. Seine arrogante und beherrschende Denkungsweise öffnet sich. Schwächen werden aufgedeckt. Ansatzpunkte für Sie!

Natürlich kann jede aufgeschlossene Verhaltensweise revidiert werden. Zeigen Sie dennoch immer wieder eine verständnisvolle Art. Bleiben Sie freundlich, ohne ungeduldig zu erscheinen. Bewähren Sie sich!

Stützen Sie jene, die es für natürlich halten, ihre Köpfe gesenkt zu tragen. Helfen Sie diesen Menschen, die glauben, permanente Verlierer zu sein. Geben Sie von Ihrer Kraft ab und helfen Sie, Ungläubigkeit und Mißtrauen der Betroffenen zu überwinden. Vermitteln Sie Ausgeglichenheit und Sicherheit.

Sie sind fähig zu helfen, Sie müssen nur wollen.

Der richtige Tonfall

Die Stimme gilt als verbales Kommunikationsinstrument. Der Tonfall spricht eine zusätzliche und vollkommen eigene Sprache.

Wir können flüstern und erzielen oftmals mehr Aufmerksamkeit als durch den Schrei. Viele sprechen eher gelangweilt. Als sähen sie es als Zumutung an, sprechen zu müssen. Hinter- oder vordergründiges Zittern in der Stimme kann anzeigen, daß man dabei ist, die Beherrschung zu verlieren. Man ist aufgeregt. Es heißt aufpassen! In diesem Stadium vermengen sich friedliche Worte zunehmend mit angreifenden Tönen. Bis unkontrolliert die Beherrschung verlorengeht. Es wird geschrien. Ein einziger Schrei kann das Gehirn ausschalten. Wer schreit, hat unrecht – und keine Selbstbeherrschung!

Sachlich fundierte und ruhig vorgebrachte Argumente erzielen eine weit bessere Wirkung. Geschrei schockt nur kurz und weicht entweder der Duldung und Hilflosigkeit. Oder es fördert eine herausfordernde Haltung. Immer wird eine unproduktive und gespannte Atmosphäre geschaffen, die nur schwer zu enthärten ist.

Angestaute Emotionen können sich durch gestammelte Worte oder fordernde Rufe befreien. Rufe erwarten die Resonanz. Es muß etwas Selbständiges sein, was sich durch den Ruf gefordert sieht. Das blanke Echo genügt nicht den Erwartungen. Fragend kann ein Ruf sein, fordernd, treibend, lockend, falsch und ehrlich, laut und leise, hoch und tief. Überhaupt läßt uns der Klang einer Stimme aufhorchen. «Ich liebe Dich.» Wie unsinnig wäre es, diese Erklärung zu schreien. Wir würden die Wirkung dieser gefühlvollen Worte durch falsche Betonung zerstören. Gebrauchen Sie dieses herrliche Wunder Stimme mit Verstand. Worte können faszinieren, motivieren, die Antriebskraft für andere sein. Sprechen Sie und überlegen Sie, *wie*! Wählen Sie stets den richtigen Tonfall!

Lächeln als Mittel zum Zweck

Lächeln muß nicht immer ein Zeichen von Freude und Freundschaft sein. Die Aussage des Lächelns wird gerne mißbraucht. Heuchler verwenden es zu ihrem Nutzen und zur Täuschung anderer. Das kalte Lächeln zeigt an, wie minderwertig und hilflos der Taxator sein Opfer einschätzt. Angst und Aggressionen können sich entwickeln.

Ebenso unangenehm ist es, höhnisch angelächelt zu werden. Wieder wird zum Duell aufgefordert. Sind wir Betroffene, rätseln wir über den Grund solcher Hohnbezeigungen. Wir haben das Gefühl, etwas übersehen zu haben. Dies verunsichert. ‹Er weiß mehr oder weiß etwas, was ihn überlegen macht.› So oder ähnlich mögen unsere Gedankengänge sein.

Zyniker leben in der Einstellung, allen überlegen zu sein. Sie glauben, alles besser und klarer zu verstehen. Sie ergötzen sich an der zur Schau getragenen Hilflosigkeit und Unerfahrenheit ihrer Mitmenschen. Für Zyniker ist das Leben eine Komödie, ein Schauspiel. Alle verfügbaren Menschen nehmen Statistenfunktionen ein. Er aber glaubt, den Ausgang des Stückes zu kennen. Niemals würden solche Menschen zugeben, den Ausgang des Stückes nicht zu kennen. Denn es gibt kein Drehbuch! Seine Überlegenheit ist unangebracht. Doch wider besseres Wissen möchte sein höhnisches Lächeln anzeigen, daß er sich herausgehoben fühlt. «Du darfst mich anerkennen», besagt sein Ausdruck. Komplexe und Geltungssucht herrschen vor.

Lächeln Sie ihn an. Verlieren Sie nicht den Blickkontakt und bleiben Sie ruhig. Sie werden gewinnen!

Das freundliche Lächeln wird als Mittel zum Zweck umfunktioniert. Es stellt einen maskenhaften Schutz dar. Echte Gefühle werden überdeckt. Grüßen wir unsere Vorgesetzten oder unterhalten wir uns mit ihnen, dann lächeln wir gewohnheitsgemäß. Wir demonstrieren dadurch eine freundliche Gesinnung. Zur stupiden und eher geistlosen Farce dagegen ist oft das Lächeln geworden, das wir den Kollegen schenken. Es sagt ebenso viel oder wenig aus wie das Lächeln des Verkäufers. Er schenkt es jedem seiner Kunden. Ungeachtet seiner tatsächlichen Empfindungen. Diese Art Lächeln ist zum festen Bestandteil des pulsierenden Lebens geworden. Auf der Straße lächeln wir entschuldigend denjenigen an, den wir versehentlich berührten. In der Hoffnung eine zufriedenstellende Antwort zu erhalten, fragen wir nach den verschiedensten Dingen und lächeln dabei. Dennoch ist das Lächeln meist Maske! Belügen wir uns also nicht, wenn wir uns und anderen glauben machen wollen, wie freundlich diese Welt doch sei?!

Wie wäre es, würden alle Menschen diese Maske ablegen? Wären dann alle nette Menschen? Sicherlich nicht. Aber die zwischenmenschlichen Beziehungen wären ebenso sicher weit ehrlicher fundiert. Ob auch erträglicher bleibt dahingestellt.

Üben Sie sich wenigstens in Höflichkeit. Wenn sie auch nur ein Abklatsch echter Freundlichkeit sein kann. Zumindest erkennt man in der Höflichkeit die entgegenkommende Einstellung. Sie helfen, das Klima erträglicher zu gestalten. Lächeln Sie also.

Das Gesicht

Beobachten Sie morgens die mißmutig vor sich hinstapfenden Menschen. Auch der Schlaf konnte ihre steilen Falten über der Nasenwurzel nicht beseitigen. Ärgerfalten sind zum festen Bestandteil der meisten Gesichter geworden. Sie drücken chronische Unzufriedenheit und die Anklage aus: «Ich habe es sehr schwer. Ich bin nicht o.k.!»
Ihr Gesicht ist das Spiegelbild Ihres Ichs. Darin spiegeln sich Einstellung und Denkungsweise. Dieser Spiegel lügt nicht!
Lernen Sie diese Aussage aus anderen Gesichtern zu deuten, und Sie werden anderen voraus sein. Sie verstehen Zeichen zu lesen über Personen, für die Sie sich interessieren.
Der tägliche Umgang mit den verschiedensten Menschen erfordert weiteres Wissen. So sollten Sie im Gespräch das Kopfnicken des anderen beachten. Nicken ist psychologisches Jasagen. Wenn auch vielleicht unbewußt, wird dadurch Zustimmung ausgedrückt.
Wir besprachen Motive, den Kopf zu heben. Beleuchten wir nun Gründe, den Kopf zu senken. Dies können Zeichen von Nachdenklichkeit oder Konzentration, Beschämung oder Schuldeingeständnis, Demut oder Unsicherheit sein. Beschämte Menschen senken den Kopf. Sie schämen sich freiwillig und harren ängstlich der erwarteten Strafe. Sollten Sie in der Rolle des Beklagten stecken, so bewahren Sie sich den geraden Blick. Verschließen Sie sich nicht. Geben Sie in ruhigem Ton Ihren Fehler zu. In dieser aufrechten Haltung werden Sie Ihren Stolz nicht zu verlieren brauchen. Für den, der in der Demut sein wahres Ich finden möchte, kann dieser Weg angebracht sein. Helfen Sie den Menschen auf, die glauben, Ihnen demutsvoll entgegentreten zu müssen. Respektieren Sie Menschen, die ihr Leben unverfälscht in Demut verbringen. Beweisen Sie Achtung. Sie mögen vieles an Ruhe und Weisheit voraushaben.
Unsicherheit zwingt Menschen dazu, flatternden Blickes nach unten zu sehen. Ein unsicherer Gesprächspartner wird Sie nur ansehen, wenn er glaubt, es gefahrlos tun zu können. Solche Menschen schauen lieber in den Himmel oder in imaginäre Weiten. Sie richten ihre Augen starr und sehen «Bilder». Sie betrachten ihre Fingernägel, kratzen sich hinter dem Ohr, befühlen ihre Nase, ohne das alles wirk-

lich wahrzunehmen. Unsicherheit ist für den sicheren Beobachter sehr transparent. Erst wenn Sie dem unsicheren Mitmenschen die Hand zum Abschied reichen, fühlt er sich befreit. Er sieht sich der unangenehmen Situation enthoben und wird etwas mutiger.

Gehen Sie auf diese Verhaltensweisen ein. Demonstrieren Sie Aufmerksamkeit. Achten Sie auf Einstellungshilfen. Nicken, die Verneinung und andere Kopfbewegungen entspringen natürlich eingefahrenen Verhaltensschemata.

Distanz

Berühren sich Menschen versehentlich, spannen sie ihre Muskeln an. Eine körperliche Reaktion, die den Entschuldigungswillen symbolisiert. Man weiß, in eine fremde Zone eingedrungen zu sein. Wenn auch unabsichtlich. Ein Einkaufsbummel in belebten Straßen verdeutlicht dies am besten. Menschen schlendern nicht durch überfüllte Straßen, sondern eilen. Sie kämpfen sich regelrecht durch ein Gewirr verpackter Körper. In diesem scheinbaren Durcheinander stoßen wir oft andere Menschen an. Der Körper reagiert. Augenblicklich ziehen wir die Schultern zusammen oder drehen den Arm nach hinten. Versuche, den körperlichen Kontakt doch noch abzuwenden und die «Angriffsfläche» zu verkleinern. Eine klassische Demonstration für dieAbsicht, friedlich sein zu wollen. Eine Körperdrehung schützt uns und beschränkt den beanspruchten Raum gleichzeitig auf ein Minimum. Es ist nie ganz geklärt worden, weshalb Menschen zur richtigen Seite hin ausweichen. Es mögen geheimnisvolle Signale sein, die gesendet und richtig verstanden werden. Dennoch können wir manchmal Verständigungsschwierigkeiten beobachten. Signale werden nicht aufgenommen oder mißverstanden. Die Störung läßt zwei Menschen gleichzeitig die gleiche «Fluchtrichtung» wählen. Ein ulkiger «Tanz» beginnt.

Dies alles müssen wir in Zusammenhang mit einer Zone sehen, die jeder Mensch für sich beansprucht. Jeder von uns beansprucht einen bestimmten Raum individuell für sich. Nähern sich nun zwei Menschen einander, durchlaufen sie bestimmte Distanzgrade. Diese Distanzgrade entwickelte man als Skala räumlichen Abstandes der Menschen untereinander. Um uns einigermaßen sicher und ungefährdet zu fühlen, benötigen wir einen bestimmten Raum. Typisch für dieses Bedürfnis ist das Unwohlsein bei Raumenge. Wie fühlen Sie sich, wenn Sie sich mit mehreren Personen in eine Straßenbahn oder einen Fahrstuhl gequetscht sehen?

Besonders die Fahrstuhlfahrt offenbart fast spürbar die Bedrücktheit der Fahrgäste. Ein geringes Raumvolumen muß geteilt werden. Es entsteht eine beinahe peinliche Stimmung. Während der sekundenlangen Fahrt kann man unvorstellbar verlorene Gesichter beobachten. Blickkontakte werden vermieden. Krampfhaft. Dafür wird die Fahrstuhldecke gemustert oder werden überinteressiert Schuhspitzen angestarrt. Einzig unbelastete Kinder betrachten unverkrampft und ungeniert Erwachsene. Allgemein erleichtert registriert man den leichten Ruck, mit dem der Fahrstuhl hält. Man fühlt sich sofort wieder wohler, und eilig drängen alle dem Ausgang zu. Man hat wieder Platz.

Liftfahrten zeigen sehr deutlich, wie gestört die zwischenmenschlichen Beziehungen sind. Menschen merkt man eine überdeutliche Verlegenheit an. Blicke kreuzen sich nur flüchtig. Man versucht, jede Konfrontation zu vermeiden. Der kurze Blickkontakt genügt, um den anderen zu taxieren und einzuschätzen. Ein längerer Blick könnte als Herausforderung ausgelegt werden. Man könnte ihn als Frechheit, Herausforderung, Interesse, Mitleid, Erstaunen, Kampfeslust interpretieren. Bleibt noch als Verhaltensweise die Ignoranz übrig. Sich über solche Abläufe einfach keine Gedanken zu machen.

Testen Sie einmal die Reaktion eines Menschen, dessen Sicherheitszone Sie bewußt durchbrechen. Setzen Sie sich beispielsweise in einem Lokal einer Person gegenüber. Stellen Sie Ihr Glas über eine gedachte 50-Prozent-Linie des Tisches hinweg zur Person hin. Oder Sie legen irgendeinen anderen Gegenstand über diese gedachte Grenze. Geben Sie sich so, als wäre dies vollkommen unabsichtlich geschehen. Schauen Sie während dieses Vorgangs diesem Menschen keineswegs in die Augen. Dies käme einer Herausforderung gleich.

In den meisten Fällen werden Sie beobachten können, wie Ihr Gegenüber «seine» Zone verteidigt. Das Glas, die Streichhölzer oder was immer es gewesen sein mag, werden von ihm vertrieben. Vielleicht zögernd, aber bestimmt unwillig wird der «Störenfried» entfernt – zu Ihnen hin. ‹Das gehört nicht mir und stört mich› wird ausgedrückt.

Eine andere Möglichkeit, seinen Bereich sauberzuhalten, bietet sich an, indem er seine Sachen näher zu sich rückt. Dadurch weicht er freiwillig zurück und verkleinert seinen persönlichen Bereich.

Die Erkenntnis, daß sich Menschen beim Durchbrechen aller Distanzgrade unwohl und unsicher fühlen, wird geschickt ausgenützt. So gehen Fragesteller, die eine Vernehmung durchführen, auf Tuchfühlung. Sie versuchen, den Befragten durch ihre Nähe zu verunsichern. Erinnern wir uns an die Unsitte mancher Chefs von hinten an ihre Beschäftigten heranzutreten. Sofort stellt sich das Gefühl ein, kontrolliert zu werden. Sogar sichere Schreibmaschinenschreiber geginnen sich zu vertippen.

Solche unerwünschten Annäherungsmethoden bewirken bei manchen Menschen Aggressionsausbrüche. Sie sehen im Angriff die einzige Möglichkeit, sich vor der vermeintlichen Bedrohung zu schützen.

Analysieren Sie also Ihre Gesprächstaktiken und vermeiden Sie es vorsorglich, bedrohlich zu wirken.

Privatsphäre

Unsere Architektur trägt unserem Distanzbedürfnis Rechnung. Dem Hang nach Abkapselung nachgebend, achten wir auf Wahrung unserer Privatsphäre. Die aktuelle Architektur paßt sich den vielfältigen Bedürfnissen an und bietet Räume für jeden Zweck. So hat man gelernt, auch die Privatsphäre des Kindes anzuerkennen und baut Kinderzimmer. Wir kennen das Herrenzimmer und den Damensalon.

Weitergehend im Wunsch nach Isolation perfektionieren wir das «Abschirmungssystem». Wir bauen unsere eigene, kleine Welt und schaffen eine Festung. Sie soll uns zumindest vor neugierigen Blicken schützen. In Ergänzung ziehen wir Vorhänge zu und verwehren allen den Einblick. Fensterläden und Rolläden unterstreichen optisch den Wunsch nach Abschirmung und Ungestörtheit. Wir kennen die spanische Wand und den Terrassenschutz, den Gartenzaun, die Wand und die Mauer. Türen und Tore schließen sich. Lichthöfe werden gebaut und schließen Menschen ein und aus. Wir mauern unsere Einstellung demonstrativ mit ein.

- Nehmen wir diese Gedankengänge zum Anlaß, wichtige Punkte zusammenzufassen. Beweisen Sie Einfühlungsvermögen.

- Gebrauchen Sie Ihre Menschenkenntnis. Ergänzen Sie diese durch Flexibilität. Dies bedeutet, mit anderen mitzugehen!

- Wählen Sie anfangs den Gleichschritt. Später können Sie beginnen, das Tempo zu steigern.

- Bestimmen Sie eine Richtung, von der Sie wissen, daß sie helfen kann.

- Was ist einfacher und wirkungsvoller als zu lächeln? Es kostet so wenig und ist dennoch kostbar.

- Gebrauchen Sie in Gesprächen die Namen Ihrer Gesprächspartner. Das wichtigste und eindrucksvollste Wort eines jeden Menschen ist sein Name!

- Ermuntern Sie Menschen, aus sich herauszugehen. Hören Sie zu! Der beste Unterhalter ist der Zuhörer!

- Nicht nur zuhören, auch hinhören! Entnehmen Sie den Gesprächen auch die Zwischenaussagen. Versuchen Sie, direkte oder indirekte Hinweise herauszuhören.

- Zeigen Sie wahres Interesse und nehmen Sie den Partner wichtig.

- Spielen Sie kein Theater. Sie würden sich schnell entlarven und Vertrauen verlieren.

- Zollen Sie jedem Menschen den notwendigen Respekt.

- Vermeiden Sie es, eine aggressive Haltung einzunehmen. Dies würde eine negative Reflexion heraufbeschwören. Zornig gesprochene Worte und Beleidigungen brechen keinen Gegner. Er wird Sie aber für unaufrichtig und verletzend halten und sich auf Sie einstellen. Sein Ziel wird sein, nun Sie zu vernichten. Ihr Gegner wird versuchen, stärker zu sein – also noch gemeiner. Und es würde Sie treffen. Es ist alleine Ihre Entscheidung, Krieg oder Frieden um sich sein zu lassen.

- Denken Sie konstruktiv. Suchen und sehen Sie nicht nur die Fehler anderer.

- Gestalten Sie Ihre persönliche Meinung flexibel und korrekturbereit.

- Üben Sie sich in Einsicht und Entgegenkommen. Dadurch wird Ihre Geisteshaltung gewinnen.

- Worüber und wie Sie darüber nachdenken, so wird Ihre Geisteshaltung sein!

Der Angeber

In seiner Umgebung findet jeder von uns Mitmenschen, die zwar erfolgreich sind, sich aber überstark gebärden. Dies drückt sich in Protzenhaftigkeit und Arroganz aus. «Beweiser» sehen in allem die Gelegenheit, sich hervorzutun. Ihre Angeberei geht zu Lasten anderer. Dieses Gebaren entspringt aus

1. einem Minderwertigkeitskomplex
2. einer falschen Selbsteinschätzung
3. der krankhaften Suche nach Selbstbestätigung
4. dem Neid
5. übergroßem Egoismus.

Neurotische Symptome also, die sehr verbreitet sind. Egozentriker glauben immer, erster Klasse durch das Leben chauffiert werden zu müssen, und meinen darüber hinaus, erstklassig zu sein. Glauben Sie, wichtiger zu sein als andere?

Sechs Menschentypen

Sechs Typen schälen sich aus den zur Verfügung stehenden Denkmöglichkeiten heraus:

1. Entschlußfreudige
2. bewußt Entscheidende
3. Skeptiker
4. freundlich Denkende
5. Impulsive
6. unselbständig Entscheidende.

Zu 1.: Entschlußfreudige Menschen vor sich zu haben, kann durchaus angenehm sein. Solche Menschen sind begeisterungsfähig, zustimmungsbereit und bringen selten Einwände konträrer Art. Mit solchen Menschen zu verhandeln, ist eine Freude. Ergebnisse sind unschwer zu erzielen.

Sollten Sie es mit allzu Entschlußfreudigen zu tun haben, schalten Sie besser Ihre Skepsis ein! Dieser Typus neigt ebenso schnell dazu, sich gegenteilig beeinflussen zu lassen.

Sie finden in den Reihen der Spieler entschlußfreudige Typen. Gewohnt schnell zu entscheiden, kalkulieren Sie auch das Risiko ein. Entsprechend programmiert, sind sie bereit mitzuziehen.

Menschen mit Neigung zum Abenteuer sind ebenfalls entschlußfreudig. Sie tanzen mit ihren Entscheidungen gerne aus der üblichen Reihe und sind eher bereit, ungewöhnliche Aufgaben anzunehmen. Sie identifizieren sich rascher mit außergewöhnlichen Erfordernissen.

Zu nennen sind noch die starken Optimisten. Sie sehen vorerst alles in einem rosigen Licht. Sie glauben an einen guten Ablauf und verstehen es, sich größtenteils selbst zu motivieren. Sie stürzen sich auf Probleme und sind investitionsbereit. Dafür unterliegen sie der Gefahr, ausgenützt zu werden.

Zu 2.: Schwieriger auszunützen sind bewußt Entscheidende. Diese Personengruppe prüft gezielt und stellt präzise Fragen. Im Umgang mit ihnen sollte man unbedingt sein Metier beherrschen.

Zu 3.: Gesunde Skepsis kann nicht nur sinnvoll, sondern notwendig sein. Nur krankhafte Skepsis treibt zu unrealistischen Einsichten. Skepsis liegt nahe beim Mißtrauen und ist die Verwechslungsgefahr groß. Skeptiker sind schwer zu gewinnen. Zuviel Schmeicheleien können sie verschrecken und in ihrer verqueren Einstellung noch bestärken. Berufe können Skeptiker formen. Enttäuschungen wirken stark bestimmend auf den Entscheidungsablauf eines Skeptikers ein. Penibel selektiert er jeden kleinen Zweifel.

Zu 4.: Natürlich läßt auch der freundlich denkende Mensch seinen Verstand sprechen. Allerdings zeichnet es ihn aus, daß er sich gründlich über die Nachteile eines Angebots informiert. Dennoch stehen für ihn bestimmend die Vorteile im Vordergrund. Sie werden zuerst geprüft und hernach wohlwollend den eventuellen Nachteilen entgegengesetzt.

Zu 5.: Der Impulsive versteht es, Sie in Sicherheit zu wiegen. Er schafft es, daß Sie sich bei Verhandlungen insgeheim gratulieren. Dieser Typ Mensch verbeißt sich schnell und fast kompromißlos in das Angebot. Seine Äußerungen kommen begeistert.

Bleiben Sie am Ball! Ununterbrochener Kontakt ist überaus wichtig. Schaut der Impulsive zum Fenster hinaus, sollten Sie schon hineinschauen. Leider ist er ebenso wankelmütig wie impulsiv. Bevor Sie konkrete Ergebnisse in Händen halten, sollten Sie solche Menschen nicht verlassen. Es sei denn, Sie gestalten Ihre Kontrolle derart sicher, daß jeder Ausbruch vermieden werden kann und der Impulsive seiner Entscheidung treu bleiben muß.

Schüren Sie ständig sein Feuer. Doch achten Sie darauf, daß der Wind nicht umschlägt und die Flammen in eine für Sie ungünstige Richtung treibt.

Zu 6.: Bedauerlich, aber wahr, daß die meisten von uns dieser letzten Gruppe angehören. Um uns herum wird ständig unselbständig entschieden. Kapitulationen vor kleinsten Fehlentscheidungen sind die Folgen. Solche Menschen klammern sich mit Vorliebe an Ratschläge anderer. Beinahe jeder wird von ihnen für gut genug befunden, wichtige und wichtigste Entscheidungen mitzubestimmen. Persönliche Probleme werden vor anderen ausgebreitet und Entscheidungen mit fremdem Anstrich weitergereicht.

Unselbständig Entscheidende sind Folger. Sie leben in geistiger Abhängigkeit! Raten Sie diesen Menschen, sich an Erfahrene zu wenden. An solche, die Urteilsvermögen bewiesen haben. Besser jedoch, Sie führen Typen dieser Denkungsgruppe zur Selbstbefragung. Denn jeder muß mit seinen eigenen Entscheidungen leben.

Massenverhalten oder:
Das unwichtigste Wort

Jedes Leben wird nach Schemata geführt. Man fügt sich in Ordnungssysteme ein, lebt und handelt empfehlend danach.

Wir alle respektieren solche Ordnungssysteme. Wir fügen uns durch Selbstdisziplin. Merkwürdigerweise setzen wir diese Selbstdisziplin bei allen Menschen voraus. Wir glauben genug über andere zu wissen, um Systemtreue voraussetzen zu können. So erscheint uns das Massenverhalten einschätzbar.

Diese Annahme borgt uns Vertrauen in Handlungsweisen von uns vollkommen fremden Menschen. Obwohl uns die individuellen Charaktere fremd sein müssen. Obwohl uns momentane geistige, physische oder psychische Situationszustände unbekannt sein müssen. Darin liegen etliche Gefahrenmomente verborgen.

Umgekehrt vertrauen andere uns ebenso. Denken wir darüber nach.

Ein vollkommen Fremder kommt Ihnen mit seinem Fahrzeug entgegen. Eher unbewußt vertrauen Sie auf seine Kenntnis der Verkehrsregeln und weitergehend darauf, daß er sie befolgt. Demnach vertrauen Sie einer vermuteten Disziplin. Unsichere Vertrauenselemente. Nun wäre denkbar, daß dieser Mensch einer plötzlichen Anwandlung folgt und auf Ihre Fahrbahnseite überwechselt. Plötzlich und überraschend!

Fragen wir uns also, woher wir den Mut nehmen, derart zu vertrauen. Gewiß, wir hoffen auf Vernunftshandlungen, glauben an die Beständigkeit alter und eingefahrener Gewohnheiten. Klammern uns an die Bewährtheit gewisser Ordnungssysteme. Also vertrauen wir weniger dem einzelnen Menschen als mehr dem pauschalen Massenverhalten.

Nehmen wir eines mit auf den Weg.

Eine absolute Reaktionsgleichheit unter Menschen gibt es nicht! Schon deshalb ist es enorm wichtig, menschliche Verhaltensformen zu studieren. Eine Aufgabe, die demnach niemals erfüllt sein kann. Für Sie ist es eine unbedingte Notwendigkeit, in einen verhaltenszentrierten Lernprozeß einzutreten. Sie müssen Menschen und deren Verhalten verstehen. Es lohnt sich. Sie arbeiten auf generelle Überlegenheit hin. Sollten Sie dieses Kapitel mit Verständnis aufgenommen haben, wird Ihnen der Sinn des nachfolgenden Merksatzes nicht verborgen bleiben.

MERKSATZ: Das unwichtigste Wort: «ICH».

Selbsterkenntnis

Selbstbelügen

Dieses Thema wird Sie mehr als die anderen fordern. Sie werden veranlaßt, gründlich über sich nachzudenken. Gewünscht wird eine Selbstanalyse. Ohne Lüge und den Mantel des Größerseins. Gesucht wird aber auch der Anhalt, sich nicht zusammenzuziehen, um kleiner zu scheinen, als man eigentlich ist.

Die meisten Irrtümer liegen in der Selbsteinschätzung vergraben. Die verhängnisvolle erste Lüge beginnt oft beim Versuch, sich richtig einzuschätzen. Viele Menschen belügen sich ein Leben lang. Ohne Einsicht, wie sie in Wirklichkeit sind. Versucht ein Außenstehender, sie zu analysieren, fühlen sie sich zu Unrecht angegriffen.

Sie verstehen nicht, warum ausgerechnet sie keinen Erfolg haben.

Einsicht hängt mit der Stärke zusammen, sich selbst ertragen zu können. Innere Sicherheit und Klarsicht zum Ich sind Voraussetzungen. Doch ist ein Eingeständnis nicht gleich eine Duldung! Die Erkenntnisse um persönliche Schwachstellen sollten Sie mobilisieren. Es gilt, dem labilen Zustand zu entkommen.

Selbstsicherheit mit Selbstüberschätzung zu verwechseln, wäre ein großer Schritt rückwärts. Sie können Ihre Selbstsicherheit durch das Wissen um Ihre Fähigkeiten nähren. Denn Selbstsicherheit kommt von Wissen und Wissen von Erfahrung!

Diejenigen, die glauben, die «Unfehlbarkeit» ihrer Erfahrungen offerieren zu müssen, verfallen einem großen Denkfehler. Es sind jene, die ständig ihre, in Jahre bemessene Erfahrung unterstreichen. «Ich habe seit 30 Jahren die Erfahrung ...» Diese Erfahrungsdauer setzen sie als immer gültige Formel ein. Hieraus könnte sich ein großer persönlicher Irrtum entwickeln. Es wäre möglich, daß seit eben diesen Jahren dieselben Fehler gemacht wurden. Unbewußt, da die Bereitschaft zur Korrektur nicht gegeben war. Die Folgen derartiger Selbstüberschätzung können in ihrer Unübersehbarkeit nicht angesiedelt werden. Vergessen wir nicht, daß das meiste Wissen – das wir gelten lassen – aus selbstgemachten Erfahrungen resultiert. Demnach ist es ein sehr begrenztes Wissen!

Der Wirklichkeitsstandpunkt

Ihre einzige Grenze ist die, die Sie sich selber setzen. Vermeiden Sie, das Prädikat «unüberwindlich» einzusetzen. Tatsächlich ist ständig die Möglichkeit zur Weiterentwicklung gegeben. Sie sind niemals fertig! Was sind Gründe, sich selbst abzubremsen?
Die Furcht vor dem Unbekannten.
Die Angst, unüberschaubares Feld zu betreten.
Die Sorge, Hindernisse nicht umgehen und Hürden nicht überwinden zu können.
Es ist der Drang zur Kapitulation.
Hinzu gesellen sich Zweifel, ob man Versprechungen einlösen kann. Versprechungen, die ausdrücken, zu den Erfolgreichen gehören zu wollen oder den Versuch zu wagen.
Programmieren Sie sich positiv! Werden Sie sich über Ihre Berufung zum erfolgreichen Menschen klar. Ihrem Verstand ist es gleich, was Sie in ihn einpflanzen. Er verwertet das aufgenommene Potential und gibt nach dessen Qualität seine Befehle ab. Er richtet sich in seinen Aktionen nach den substantiellen Inhalten, die Sie ihm zur Verwendung eingaben. In diesem Vorgang liegt Ihre Chance! Der Verstand baut auf den Wirklichkeitsstandpunkt, den *Sie* bestimmt haben und bestimmen werden.

Das Persönlichkeitsbild

Wie können Sie ein gesundes Wachstum Ihrer Persönlichkeit erreichen?
1. Durch eine offene Einstellung zu sich selbst
2. Durch Ausschöpfung Ihrer eigenen Fähigkeiten
3. Durch das Bemühen, innere Konflikte zu lösen
4. Durch Bildung eigener Entscheidungen
5. Durch Abstimmung der persönlichen Einstellung zur Realität
6. Durch Anerkennung der Lebensumstände und das Bemühen, sie bestens zu bewältigen.

Zu 1.: Was ist Ihre Einstellung? Nichts weiter als das Produkt Ihrer Bemühungen auf der Suche nach dem «Ich». Die Deutung und Darlegung solcher Bemühungen sind für Ihre Einstellung bestimmend. Die Einstellungsform bildet in jedem Fall ein Fundament. Danach richtet sich Ihr Kontaktverhalten zu anderen. Ich muß mich ehrlich und gewissenhaft erforschen! Registrieren Sie jede Empfindung. Stöbern Sie versteckte Lügen und verschleierte Zusammenhänge auf. Denn diese agieren hintergründig und fälschen Ihr Gesamtbild. Merzen Sie quälerische Ichzweifel aus. Indem Sie jede selbstgestellte Frage beantworten. Konzentrieren Sie sich. Empfindungen müssen analysiert, gesammelt und richtig eingesetzt werden. Es sind Zeugnisse Ihrer tatsächlichen Persönlichkeit. Betrachten Sie die Erkenntnis, sich bislang verkannt zu haben, als Herausforderung. Diese Erkenntnis darf nicht erdrücken und zur chronischen Belastung werden. Sie sind dabei, sich zu erkennen – befreit und resultativ ausgeglichener zu werden. Kein Grund also, Beklommenheit zu verspüren!

Zu 2.: Ihre Talente und Fähigkeiten stellen persönliche und anzapfbare Quellen dar. Bestes Kapital, sich den Erfolg zu erkaufen.
Der erste Schritt ist die Erkenntnis darüber. Der zweite Schritt die Anwendung. Um wieder laufen zu lernen, werden Sie nur geeignete Krücken einsetzen. Es wäre unsinnig, alle Quellen gleichzeitig auszuschöpfen. Wenden Sie vor allem entwicklungsfähige Talente an. Verzetteln Sie sich nicht!
Was sind meine stärksten Fähigkeiten? Welcher Einsatz bringt mich am schnellsten zum Erfolg?

Zu 3.: Konflikte schaffen immer wieder den Durchbruch. Allzugerne quälen sie und lassen keine Ruhe.
Schöpfen Sie aus dem Brunnen der Erfahrungen. Prüfen Sie den inneren Konflikt. Ist er es wert, so genannt zu werden? Nicht jede Situation bietet echten Konfliktstoff. Und reden Sie sich keine Probleme ein!

Zu 4.: Bleiben Sie zielbewußt und treffen Sie Ihre eigenen Entscheidungen. Versuchen Sie, sich auf zu erwartende Auswirkungen vorzubereiten. Niemand wird Ihnen die Verantwortung abnehmen. Bleiben Sie in Ihren Entscheidungen deshalb von vornherein unabhängig. Und stehen Sie dafür ein! Sie werden nur sich selbst Rechenschaft schuldig sein. Entscheiden Sie sich mit dem Mut zu sich selbst.

Zu 5.: Verlieren Sie nicht den klaren Blick für die Wirklichkeit. Beginnen Sie sich nicht einzubilden, allein der Wunsch könne es ermöglichen zu fliegen. Sehen Sie Steine als Steine an und nicht als wegpustbare Staubkörnchen.

Sehen Sie Ergebnisse als Erfolg an und nicht als Ergänzungen scheinbaren Mißerfolges.

Seien Sie kein Tagträumer! Stecken Sie sich realistische und erreichbare Ziele. Träumen Sie nicht unkontrolliert, sondern träumen Sie realisierbare Bilder. Diese werden Sie in die Wirklichkeit einbauen können.

Finden Sie die richtige Relation zwischen dem, was möglich ist, und dem, was *Sie* ermöglichen können! Gestalten Sie Ihre Überlegungen nicht zu tolerant. Ihre Vorstellungen könnten sonst unwirklich bleiben. Finden Sie die richtige Einstellung zur Wirklichkeit!

Zu 6.: Fähigkeiten verpflichten! Die neue Situation stellt sich nicht selten überfordernd dar. Verzweifeln Sie nicht von vorneherein. Ein vollkommener Überblick schenkt Ihnen Einsicht und Ansatzmöglichkeiten. Die Aufgabe gibt sich zu erkennen. Bezweifeln Sie nie, daß Sie es schaffen können. Setzen Sie sich mit allen Fähigkeiten ein. Klagen wären unnötige Energieverschwendung. Verwenden Sie ein System, das nur scheinbar gegen Sie ist: das System einer wiederkehrenden Problematik! Ihre erstellte Analyse vermag der wiedergekehrten und bereits bekannten Problematik den Schrecken zu nehmen.

Freie Entfaltung

Jeder Mensch benötigt Platz zur freien Entfaltung. Danach richtet sich seine Entwicklung. Auf der Suche nach weiteren Erkenntnisräumen handeln Menschen oft irreal. Sie bauen einen geistigen Raum, dessen Volumen Sie als endgültiges Zugeständnis anerkennen. Sie wagen es nicht, vermeintliche Mauern zu sprengen. Wohl ahnend, daß dahinter die eigentliche Freiheit beginnt: die freie Entfaltung. Dennoch konzentrieren sie sich auf die Raumgrenzen und spüren, daß sie den Raum doch längst ausfüllen. Was folgt, ist die Anpassung. Dadurch stellen sie ihr Wachstum ein und bestimmen dadurch ihre eigene Größe. So wie der Goldfisch, dessen Wachstum sich nach der Größe des Wasserglases richtet, passen sie sich an und wachsen entsprechend ihrem vermeintlichen Lebensraum.

In freien Gewässern würde sich derselbe Goldfisch entschieden größer entwickeln. Er würde die wahre «Freiheit» finden.

Sie haben die Möglichkeit, dieses «Wasserglas» zu sprengen. Aus eigenen Anstrengungen heraus. Ein Privileg des Menschen. Sie können Rahmen sprengen, Grenzen setzen, Prioritäten setzen. Stagnieren Sie nicht in Ihrer Entwicklung. Suchen Sie die Selbstverbesserung. Probieren Sie es wenigstens. Befreien Sie sich von einer selbstauferlegten Enge.

Es ist wie mit dem Elefanten, der bereits als Jungtier mit leichter Kette an einen Pfahl gebunden wird. Im Laufe der Zeit lernt er seinen Bewegungsspielraum genauestens kennen. Dieser Elefant wird größer und stärker. Aber nach wie vor akzeptiert er die einstmals gesetzten Grenzen. Seine Kräfte würden längst reichen, den Pflock mit Leichtigkeit aus dem Erdreich zu reißen. Doch er unternimmt nicht einmal den Versuch, sich zu befreien. Er ist es nicht anders gewöhnt und stapft gewohnheitsgemäß von einem Bein auf das andere. Kann in solcher Unruhe Zufriedenheit liegen?

Versuchen Sie voranzukommen. Sie dürfen nicht auf der Stelle treten. Sie wollen sich weiterentwickeln.

Gewohnte Normalität

Ein junger Mann bewarb sich eines Tages um eine freie Arbeitsstelle. Nun saß er vor dem Personalleiter und erkundigte sich nach den Einkommensmöglichkeiten. «Wir bezahlen Ihnen das, was Sie sich wert sind», bekam er zur Antwort. Nachdem der junge Mann einen Augenblick lang gestutzt hatte, rief er entsetzt aus: «Was? Und dafür soll ich arbeiten?»

Dieses Beispiel drückt aus, wie verheerend die Selbsteinschätzung mancher Mitmenschen ist. Ein gestörtes Ichverhältnis läßt sie permanent an sich zweifeln. Eine schwache Selbsteinschätzung drückt sich ebenfalls über das Selbstwertgefühl aus.

Wie stark können Sie sein, wenn Sie bereit sind, Grenzen zu sprengen? Denken Sie darüber nach. Glauben Sie an einen Menschen, dem Sie Vertrauen schenken *müssen*! Dieser Mensch sind Sie! Glauben Sie an sich selbst!

Fast jeder Mensch glaubt, sich und seine Stärken sehr genau zu kennen. Doch im Grunde versteht er es nur, sich durch den Alltag zu mogeln. Warum also mehr tun als notwendig? Er wagt freie Voraussagen und prognostiziert Fehlschläge. Diese, so urteilt er, wären eben nicht zu vermeiden. Diese Resignationshaltung und unkritische Akzeptanz vereitelt Versuche, gegen kritische Phasen persönliche Fähigkeiten einzusetzen. Dennoch gibt er zu, eigentlich mehr vom Leben zu erwarten. Seine Passivität aber behält er bei und ruht sich in seiner Erwartungshaltung aus. Aber da bleibt ein Trost. Er, der Bekannte, hat offenbar auch nicht mehr erreicht. Und andere ebenfalls nicht. Sie alle unterscheiden sich in ihrer Lebenshaltung in nichts von ihm. Wenn alle so sind – so resümiert er –, muß er auf dem richtigen Weg sein! Oder?

Kennen Sie solche Ansichten?

Sie müssen entwickelt genug sein, Ihre individuelle Normalität zu finden. Sie sind, wie Sie denken! Sie sollten nicht aus den Gedanken und Haltungen anderer bestehen.

Die unfertige Basis

Seinen erkennbaren Leistungsstandard als Gipfel anzusehen, wäre eine trügerische «Erfüllung». Den allgemeinen Standard als Leistungsskala für eigene Aktivitäten einzusetzen, wäre genauso falsch. Denn die meisten Menschen beanspruchen sich und somit ihre Leistungsfähigkeit nur zu einem verschwindend geringen Teil. Spricht man ihnen dennoch die Möglichkeit zu, erfolgreicher werden zu können, fühlen sie sich regelrecht veralbert. Sie halten sich an die kleinere Chance, die sie sich selbst eingeräumt haben.

Fragen Sie einen Normalverdiener, ob er glaubt, monatlich viertausend Mark verdienen zu können. Trotz leiser Vorbehalte wird er dies für möglich halten. Fragen Sie weiter, ob er sich vorstellen kann, zehntausend Mark im Monat zu verdienen. Er wird seinen Kopf schütteln und erstaunlich sicher antworten, daß dies von ihm nicht erreicht werden könne. So sicher, wie er diese Antwort gibt, so sicher glaubt er nicht an sich. Vorsorgliche Resignation! Mit seiner Antwort starb bereits der Versuch. Schon Schiller wußte: «Ein jeder gibt den Wert sich selbst!» Fallen Sie nicht in falsche Bescheidenheit. Behaupten Sie sich. Trotzen Sie einer schwachen Selbsteinschätzung. «Wer sich zum Lamm macht, den fressen die Wölfe.» Nur die gesunde Selbsteinschätzung läßt Sie leben – und überleben. Die schwächliche Selbstansicht ist eine ernstzunehmende Krankheit. Leiden auch Sie daran? Dagegen hilft eine Medizin, die von Ihnen produziert werden kann: Erfolg!

Eine falsche Ansicht äußert sich mit Vorliebe durch endlose Entschuldigungen dafür, daß man versagte. Angeblich waren tausend Gründe und Umstände schuld. Suchen Sie bei Mißerfolg keine Ausreden! Suchen Sie zuerst bei sich den Fehler. Das wäre bereits ein großer Fortschritt.

Multiplizierte Erfahrungen

Nur der, der nichts aus seinem Mißerfolg gelernt hat, steht als wirklicher Versager da. Mißerfolg wird zum Erfolg, wenn Sie etwas daraus lernen.
Etwas so unrichtig zu tun, daß es erkennbar ist, ist offener Mißerfolg. Bleibt Ihnen die Einsicht verwehrt, bietet sich noch die Chance, auf Hinweise anderer zu hören, an. Nehmen Sie Hilfe an.
Der Kluge lernt aus seinen Fehlern, der Weise aus den Fehlern anderer!
Dieser Spruch sollte Sie begleiten. Er lehrt Sie, daß Ihr vorhandener Wissensschatz mit weiteren Erfahrungswerten angereichert werden sollte. Bauen Sie Fremderfahrungen in Ihr Wissen ein. Dadurch sprengen Sie einen engbemessenen Rahmen. Ihr Erfahrungspotential nimmt zu. Sich auf eigene Erkenntnisse zu verlassen, ist auf Dauer zu wenig. Sie dagegen können vorgelebte Fehler vermeiden. Dadurch gewinnen Sie Zeit. Das ist bereits Erfolg!

Maßstab für den Erfolg

Untersuchen Sie ständig das Verhältnis zwischen dem, was Sie sein und erreichen können, und dem, was Sie aus sich machen.
Vor Antritt einer Reise kennen Sie das Ziel. Während der Reise wissen Sie, wieviel Weg noch zurückzulegen ist. Erreichte Teilziele drücken aus, wie weit Sie vorangekommen sind. Grundbedingung bleibt, sich das Ziel vorzugeben! Bestimmen Sie den gewünschten Aktionsradius. Sie bestimmen seine Größe. Orientieren Sie sich nicht an eingefahrenen Normvorstellungen. Sie bestimmen Ihre eigene Norm. Adenauer drückte das so aus: «Wir leben alle unter dem gleichen Himmel, aber wir haben nicht alle den gleichen Horizont.»
Auf dem Weg zum Erfolg bremsen Kleinigkeiten gerne ab. Solche klei-

nen Steinchen vermögen, zu Fall zu bringen. Große Steine sind rechtzeitig erkennbar. Ihnen kann beizeiten ausgewichen werden. Achten
Sie darauf, kleinste Schwierigkeiten schnellstens aus dem Weg zu
räumen.

Drei Charaktere

Jeder Mensch zeichnet sich durch markante Eigenschaften aus. Sie
helfen, eine Einordnung vorzunehmen. Zwar sind die Grundzüge ver-
schieden und differenziert, doch trägt jeder Mensch drei Charaktere
in sich:
1. den, den er hat,
2. den, den er zeigt,
3. den, den er zu haben glaubt.

Natürlich bestimmen die persönlichen Eigenschaften das individuelle Verhalten. Dennoch gesellt sich ein schauspielerischer Aspekt
hinzu. Menschen verwechseln das Leben mit einem Schauspiel – die
Welt mit einer Bühne. Jeder schlüpft in eine Rolle und verdrängt dadurch sein natürliches Ich. Sonderlich tragisch wird diese Erkenntnis
nicht genommen. Wissen wir doch, daß beinahe alle so handeln. Sie
zeigen Charaktere, die konstruiert und zurechtgelegt wurden. Die
Schatulle des eigenen Ichs bleibt ungeöffnet. Demnach leben wir in
einer Scheinwelt. Jeder gaukelt sich selbst etwas vor. Es ist modern
geworden zu schwindeln. Der irreale Charakter wird zum realen er-
nannt. Der Grundcharakter verliert dadurch seine Identität. Als eine
der Folgen kann eine Persönlichkeitskrise auftreten. Vielleicht schaffen es krasse Anforderungen und kritische Situationen, die wirkliche
Gefühlswelt zu wecken. Deutlich wird an den wahren Charakterkern
geklopft, und zögernd gibt das Individuum es auf, sich zu verleugnen.

Durchschnittliche Verhaltensweisen

Befassen wir uns etwas näher mit den Verhaltensweisen des Durchschnittsmenschen. Wir leihen uns das Charakterbild einer ima-
ginären Person. Das mag uns die Betrachtung erleichtern. Denn-

noch sollten wir nicht aus Vermessenheit eine Identifikation ausschließen.

Verhalten eines Durchschnittsmenschen:
1. Er meidet möglichst jede schwierige Situation.
2. Er durchdenkt jede Möglichkeit, die *nicht* funktioniert.
3. Er scheut jegliche Verantwortung.
4. Er umgeht Menschen, die ihm unbequem erscheinen.
5. Er liebt die Geregeltheit.
6. Er spart nicht mit Kritik an anderen.
7. Er ist entscheidungsarm.
8. Er glaubt, an seinen Fehlern schuldlos zu sein.

Bedenken Sie, daß es tatsächlich problematische Situationen gibt, die Sie bestehen müssen. Wenn Sie davonlaufen, weichen Sie von Ihrem Kurs ab. Sie verlaufen sich und sehen sich am Ende vor die Tatsache gestellt, nochmals beginnen zu müssen. Sie konnten nichts bessern. Zwischenzeitlich aber konnten sich die einstmals umgangenen Schwierigkeiten entwickeln. Nun werden sie schwerer denn je zu meistern sein.
Behalten Sie Ihren Mut! Das Leben besteht aus Höhen und Tiefen. Aber die Tiefen sind nicht unendlich. Sie mögen sich gerade in solch einer Talfahrt befinden und sich stürzen fühlen. Doch ebenso werden Sie die Erfahrung gewinnen können, daß die durch den Sturz gewonnene Geschwindigkeit hilft, Sie aus der Talsohle herauszubefördern. Dadurch kann der nächste Problemberg schneller bewältigt werden. Manchmal muß ein großer Schritt rückwärts getan werden. Damit genügend Anlauf gewonnen werden kann. Der besonders große Sprung kann gewagt werden!
Es sind die üblichen unzähligen Ausreden, die eingesetzt werden und den Erfolg aussperren. Denken Sie an Ihren größten Wunsch. Ihnen lacht das Herz im Leibe, wenn Sie sich vorstellen, wie das wäre, wenn ...
Wären da nicht die vielen «Wenn und Aber».
So oder ähnlich denkt ein Großteil der Menschen. Sich abwendend, vergraben sie sich in Selbstmitleid. Nicht die «Umstände» tragen die Schuld! Sie stehen meist in keinem Zusammenhang mit den persönlichen Wünschen. Beginnen Sie, Wege zur Wunscherfüllung zu finden. Agieren Sie. Seien Sie kreativ. Sammeln Sie Pluspunkte und addieren Sie sie zum brauchbaren Ergebnis.
Resignieren Sie niemals!

Typisch für den Durchschnittsmenschen ist, jeder Verantwortung aus dem Weg zu gehen. Woher auch sollte er die Verantwortung kennen? Glaubt er sich doch unfähig, sie tragen zu können. Seine Stärken kennt er nicht. Verantwortung empfindet er als Last. Und unbelastet möchte er sich unkomplizierteren Dingen zuwenden.

Es ist ihm egal, für schwach gehalten zu werden. Für sich selbst verantwortlich sein zu müssen, genügt ihm vollkommen. Sogar diese Selbstverständlichkeit belastet ihn.

Es gibt noch eine zweite Gruppe. Sie ist bereit, Verantwortung zu tragen. Sie unterstellt aber, für dauerhafte Belastungen eigentlich zu schwach zu sein. Diese übergangene Vermutung läßt sie verantwortungslos handeln. Sie gibt nur vor, stark zu sein. Leichtfertig trifft sie Entscheidungen, von deren Auswirkungen andere unangenehm betroffen werden.

Prüfen Sie, welcher Verantwortung Sie gerecht werden können. Wenden Sie sich auch schwächeren Menschen zu. Bieten Sie Ihre Hilfe an.

Oft begegnen uns Menschen, denen wir gerne aus dem Wege gehen. Einige beginnen, in dieser Absicht Haken zu schlagen. Andere versuchen sich zu verstecken. Was läßt solche Reaktionen entstehen?

Es könnten Erinnerungen an schlechte Erfahrungen sein, die diese Menschen durchlaufen mußten. Oder es ist die abstoßende Handlungsweise eines anderen, sein Ruf oder sein Aussehen, das abwehrend reagieren läßt.

Der Mensch ist ängstlich und feige. Unsicherheit und ein minderes Selbstwertgefühl sind hauptsächliche Verhaltensgründe, anstrengende Begegnungen zu scheuen. Unbequemlichkeiten auszuweichen, ist immer ein Schwächeeingeständnis. Dieses Verhalten bedeutet, einen Umweg gewählt zu haben. Das würde die Zielstrebigkeit in Frage stellen. Es führt ein Weg zum Erfolg. Doch er verläuft selten ohne Hindernisse.

Ist es nicht wünschenswert, einen geregelten Tagesablauf zu haben? Viele achten darauf, daß dieser Rhythmus nicht unterbrochen wird. Jede Minute ist geplant, jeder Handgriff sitzt. Pünktlichkeit bestimmt jede Aktion. Gewohnheiten bestimmen unverrückbar das Geschehen. Diese Regelmäßigkeit spiegelt Vertrautheit vor. Sogar der tägliche Ärger wird gewohntermaßen angenommen. Zu Hause und bei der Arbeit.

Fragt man Menschen nach der Qualität ihres auf Gewohnheit ausgerichteten und geregelten Tagesablaufs, äußern sie sich zufrieden – und unzufrieden. In erster Linie befürchten sie die Konfrontation mit der Unregelmäßigkeit. Hilflos versuchen sie, in solch einer Konfrontation Halt zu finden. Derartige Schwierigkeiten waren nicht eingeplant. Also können sie auch das Hilfsmittel nicht finden. Was folgt, ist der Sturz! Solchen Menschen kann es gelingen, wieder aufzustehen. Allerdings neigen sie dazu, ihr übergeregeltes Leben hernach wieder aufzunehmen. Die Stupidität dieses Vorgangs verdrängen sie. Flexibilität besitzt für sie einen nur geringen Stellenwert. Anstandslos passen sie sich wieder der bekannten Regelmäßigkeit und Berechenbarkeit an.

Auch der Abgrund ist geregelt. Es ist geregelt, daß er sich unten befindet. Tief unten!

Erfolg verlangt Aktionen, eine grundsätzlich offene Einstellung, Anpassungsfähigkeit und Gewandtheit. Nicht aber Steifheit und Hang zur übermäßigen Bequemlichkeit.

Was sind das für Menschen, die permanent andere Menschen beschimpfen und Kritik üben? Es sind Menschen, die durch solche Verhaltensweisen die Aufmerksamkeit anderer von sich abzuwehren versuchen. Ihre Kritik wird zur Anklage. Dabei werden individuelle Ansichten als Maßstäbe eingesetzt. Auch wenn diese Maßstäbe abseits jeder Vernunft sind. Selbstgerechtigkeit formuliert ihre Aussagen. Finden Sie die richtige Form der Kritik. Konstruktive Kritik wird aus der Absicht geboren zu helfen.

Wir alle sind mehr oder weniger zur entscheidungsarmen Einstellung hin erzogen worden. Wir lernten, uns «vorsichtig» zu verhalten und spontane Entscheidungen abzulehnen. Wir konnten nicht entscheiden. Also wäre es nicht richtig zu behaupten, wir hätten es verlernt.

Da das Leben ständig Entscheidungsphasen bietet, fühlen sich viele überfordert.

Viele scheitern vollkommen an Fragen, die durch klare Überlegungen zu lösen gewesen wären. Entscheidungen stellen sich oft schwieriger dar, als sie in Wirklichkeit sind. Um eine Entscheidungsfindung herbeiführen zu können, genügt es eben nicht, nur Mußinformationen zu berücksichtigen. Wichtiger können Kanninformationen sein. Informieren Sie sich über Einzelheiten!

Sich einen Fehler einzugestehen, fällt manchmal unsagbar schwer. Die Selbsterkenntnis verlangt, vorrangig nach den größten Fehlern zu suchen. Sie müssen zuerst ausgemerzt werden.

Trauern Sie nicht endlos der Erkenntnis nach, einen gravierenden Fehler begangen zu haben. Goethe: «Nichts taugt Ungeduld, noch weniger Reue; jene vermehrt die Schuld, diese schafft neue.»

Ziehen Sie aus jedem Vorgang eine Lehre. Ihre Bereitschaft, Fehler einzugestehen und auszuwerten, zeugt von Ihrer Fähigkeit, sich selbst zu erkennen. Dann sind Sie dabei, das Podest der Selbstverherrlichung zu verlassen. Selbstverherrlichung läßt den Träger glauben, unfehlbar zu sein. Diese Auffassung vernichtet ihn.

Ihre Haltung sollte reflexiv sein. Im positiven Sinne.

Der eigene Weg

Vermeiden Sie, ein bedingungsloser Mitläufer zu werden. Beweisen Sie, daß Sie fähig sind, eigene Erfolgswege zu schaffen. Folgen Sie nicht den ausgetretenen Wegen anderer, ohne bessere Wege gesucht zu haben. Übernehmen Sie nicht verwaschene Vorstellungen.

Menschen, die sich inzwischen an solche trügerischen Scheinwände gelehnt haben, werden Enttäuschungen erleben. Nicht lange, und sie werden den im Geiste selbständigeren Mitmenschen aus dem Dunst auftauchen sehen. Sie werden weiter beobachten können, wie er die üblichen Fallen meidet und sich seinen Erfolgspfad bahnt.

Bleiben Sie selbständig in Ihrer Denkungsweise. Verfolgen Sie auf individuelle Weise Ihr individuelles Ziel. Dadurch wächst Ihr Urteilsvermögen, und Sie werden feststellen können, wie trostlos es inmitten der Mitläufer sein kann. Planen Sie mit Vorbedacht den Ausbruch aus jedem geistigen Gefängnis. Befreien Sie sich ohne Reue von Vorstellungsklischees. Gegen Ihren Willen können Sie davon nicht beherrscht werden.

Formen Sie Ihre Persönlichkeit! Bis Sie nicht mehr übersehen werden können. Sie alleine können aus einer guten Selbsteinschätzung gewinnen. Bauen Sie Ihr eindrucksvolles Image aus!

MERKSATZ: Erkenne dich selbst – und du erkennst das Verhältnis der Welt zu dir!

Selbstimage

Die persönliche Ausstrahlung

Woraus resultiert das Selbstimage?

Das Selbstimage ist die Ausstrahlung des eigenen Ichs. Im Grunde ist es das Resultat jeder gelebten Sekunde Ihres Lebens. Jedes Erlebnis, jede Erfahrung, jeder Gedanke – einfach alles – bildet und prägt Ihr Image. Das Leben erzieht laufend. Insbesondere die Erziehung bildet den Charakter – formt die Art, wie Sie sind. Die ersten Lehrmeister dürften Ihre Eltern gewesen sein. Sie lehrten Sie zu laufen und sprachen Ihnen vor. So gibt es mehrere Bezugspersonen, die Schlüsselfiguren Ihres Lebens sind. Ebenso half die schulische Erziehung, Ihr Selbstimage zu bilden. Gleichwohl kann der Bildungsvorgang des Selbstimages nie als abgeschlossen betrachtet werden. Wie ein Tonband nahm Ihr Gehirn Wissenspotential auf. Um es bei Bedarf zu verwenden und «abzuspulen». Dann beweisen Sie, «wessen Geistes Kind» Sie sind. Egal, ob Sie Worte aufnehmen oder sonstwie stimuliert werden. Durch die Übernahme multiplizieren Sie Ihr Erfahrungspotential. Diese Bereitschaft ist notwendig. Denn jeder Mensch ist unfertig und sollte sich dessen bewußt sein. Entscheidenden Anteil an der Prägung Ihres Images haben Ihr persönlicher Erfolg oder auch Mißerfolg.

Was glauben Sie? Sind Sie glücklich oder unglücklich? Beabsichtigen Sie sich weiterzubilden oder stagnieren Sie im Wissen?

Auch andere Werte spielen eine entscheidende Rolle. Freundlichkeit, Entgegenkommen, Aufgeschlossenheit und Hilfsbereitschaft, um nur einige positive Grundeigenschaften zu nennen. Mit ihnen gewinnen Sie an Beliebtheit. Menschen mit solchen Eigenschaften besitzen meist die innere Ausgeglichenheit. Sie ist notwendig, um erstens zu bestehen und zweitens von Mitmenschen positiv «empfangen» zu werden. Und es zählt die Einstellung zur Zukunft!

Selbstsicherheit

Wir alle brauchen das Lob. Wir alle wollen ab und zu gestreichelt werden und fühlen uns in solchen Augenblicken wohl. Wir sehnen uns nach Schmeicheleinheiten und empfangen dankbar die Anerkennung. Damit speisen wir unser Selbstbewußtsein.

Leider finden wir nicht immer solche «Tankstellen», mit den Marken Anerkennung und Liebe. Deshalb ist es unendlich wichtig, das persönliche Kräftepotential anzuzapfen. Dadurch wird der Selbstaufbau vorangetrieben. Wie können Sie dafür sorgen, daß Ihre Reserven nicht versiegen und ständig beanspruchbar sind? Selbsterkenntnis verhilft, Ihr Selbstimage dauerhaft zu heben. Als Phase eins des Selbstaufbaus. Die Umsetzung der Erkenntnis in Aktion ist die Phase zwei. Dadurch wird nicht nur der Gewinn, sondern weit wichtiger auch der Erhalt eines gesunden Selbstbewußtseins gewährleistet.

Besitzen Sie ein gesundes Selbstbewußtsein?

Wie erkennen Sie das? Wie kann sich das auswirken?

Es kann sich durch Kleidung äußern. Es ist die Art, wie Sie Ihre Bekleidung zu tragen pflegen, aber auch die Art der Kleidung selbst, in der Sie sich wohlfühlen müssen.

Auch Ihr Gang verrät Ihre Einstellung, verrät Sicherheit oder Unsicherheiten. Wie laufen Sie? Der tastende Schritt kann Ausdruck einer mächtigen Lebensangst oder Demotivation sein. Eines von vielen Kapitulationszeichen vor einer niederschmetternden Erkenntnis. Eine der kraftlosen Arten, um Hilfe zu schreien.

Wir kennen den betont lässigen Gang. Bei dieser Gangart werden die Fußspitzen nach innen gezogen. Bewußt. Und bewußt oder auch unbewußt versuchen manchmal sogenannte «Lässiggeher», eigene Unsicherheiten zu überdecken. Solche Selbstbelüger setzen gerne betont billige und überdeckende Methoden ein und neigen zu Provokationen. Sie setzen den Angriff zur Verteidigung ihrer Schwächen ein.

Wir kennen solche, die im Gang die Beine immer ein wenig zu weit nach vorne schleudern. Letztendlich bilden sie dann doch kleine Schrittchen. Sie tippeln zuviel und strecken zusätzlich ihren Bauch heraus. Siegesbewußt. Gleichsam als Aushängeschild für ein übersteigertes Selbstbewußtsein. Dabei sind solche Menschen meist energisch und aktiv. Könnten sie ihre Arroganz überwinden, wären sie zweifellos brauchbare Lehrmeister.

Dieser kleine Einblick in die möglichen Gangarten und Deutungen kann und will unvollständig sein. Ein interessantes Spektrum, das es wert wäre, von Ihnen ergänzt zu werden. Ihnen aber sei wenigstens die Anregung mitgegeben, persönliche Beobachtungen vorzunehmen. Dabei werden Sie dem dynamischen Menschen gradliniger Art begegnen. Sein Gang wirkt sicher und entschlossen.

Nur ein gesundes Selbstbewußtsein bevollmächtigt Sie, Selbstsicherheit so offen zu bekunden.

Das größte Privileg

Ihre positive Einstellung ist selbstverständlich übertragbar. Dennoch resultiert aus diesem Übertrag nicht die absolute Gleichheit. Keiner ist wie Sie!

Jeder ist eine individuelle Persönlichkeit. Gemeinsame Interessen animieren zur Gruppenbildung. Ein Zusammenschluß verbindet und läßt ein gemeinsames Ziel entstehen. Ihnen bietet jeder Zusammenschluß Gelegenheit, zum formellen oder – tatsächlich oft mächtigeren – informellen Führer zu werden. Chancen zum Avancement und zur Dominanz sind wie immer gegeben. Viele Ursachen vermögen Ihre Persönlichkeitsentwicklung zu fördern. So können bislang unerkannte Veranlagungen durchbrechen. Oder Ihr Bewußtsein um Ihre Stärken erweitert sich. Immer kann sich dadurch Ihre Persönlichkeitsentwicklung weiterbilden. Sie entfalten sich.

Man selbst zu sein, ist das größte Privileg! Das ist Ihr eigenstes Sonderrecht. Keiner kann es Ihnen nehmen. Ebensowenig kann Ihre Kraft gegen Ihren Willen gebrochen werden. Dennoch kann Sie irgendein Schlag zu Boden werfen. Das Leben teilt viele solcher Schläge aus. Aber Ihr unbeugsamer Wille zu bestehen, wird jeden Vernichtungsversuch scheitern lassen. Immer einmal mehr aufstehen als liegenbleiben! Das ist ein Grundgeheimnis des Erfolges. Bei Ihren Bemühungen aufzustehen, sollten Ihre Bewegungen stufenweise vorgenommen werden. Nicht ruckartig. Erheben Sie sich langsam und absichernd! Vergleichen Sie es mit der richtigen Methode, morgens aufzustehen. Sie werden sich zuerst tüchtig strecken und dann langsam aufrichten. Dabei stützen Sie sich auf Ihre Ellenbogen. Das bringt Sie in eine Position, die es erlaubt, sich zu setzen. Und nachdem Sie sich hingestellt haben, sind Sie bereit, sich den neuen Aufgaben des Tages zu widmen.

Gepachteter Mißerfolg

Man könnte meinen, manche Menschen hätten den Mißerfolg gepachtet.

Woraus entsteht Mißerfolg?

Die Antwort ist verblüffend einfach zu geben. Mißerfolg entsteht meist aus Bemühungen, seine Umwelt zufriedenzustellen!

Nur um es allen recht zu machen, werden persönlich wichtige Ziele grob vernachlässigt. Ängstlich werden Mitmenschen beobachtet. Ob es denen auch gefällt, was man zu tun beabsichtigt? Vergleiche werden gezogen. Und werden Differenzen festgestellt, folgt augenblicklich Unsicherheit. Wohlgefühl stellt sich nur ein, wenn man nicht aufzufallen braucht.

Bei diesem Verhalten werden persönliche Ziele unterdrückt, verdrängt, gar nicht aufgebaut. Wünsche treten in den Hintergrund. Die totale Anpassung an die Allgemeinheit ist die Folge. Solche Anpasser wollen gefallen und stecken ihre Ziele nicht weiter als der Nachbar, Freund, Kollege oder Vater.

In Ihrer Zielstrebigkeit sind Sie die große Ausnahme. Längst erkannte man Ihre eifrigen Bemühungen und ist ungewöhnlich zäh bemüht, Sie festzuhalten. Man versucht, Ihre Ausreißversuche scheitern zu lassen. Könnten Sie doch erfolgreich werden! «Das tut man nicht», wird man bemerken und «warum ausgerechnet Sie?» Überhören Sie destruktive Ansichten. Folgen Sie unbeirrt Ihrer Einstellung. Entwikkeln Sie als unmißverständliche Antwort zusätzliche Willenskraft. *Sie* formen Ihr Leben!

Die große Selbstanalyse

Erforschen Sie ernsthaft und systematisch Ihr Ich. Erarbeiten Sie sich eine möglichst lückenlose Analyse. Wie bei wichtigen Entscheidungen auch, können Sie hierbei die bewährte und transparenzbietende «Benjamin Franklin-Methode» einsetzen.

Benjamin Franklin (1706–1790) war amerikanischer Staatsmann und Erfinder.

Stellen Sie also seiner Methode gemäß eine Selbstanalyse auf.

Unterteilen Sie ein großes Blatt Papier in der Mitte durch einen senkrecht verlaufenden Strich. Links des Striches notieren Sie «ja» und rechts davon «nein». Nachstehende Qualitäten sollten Sie nun differenziert durchdenken. Stufen Sie sich selbst ein! Welche Eigenschaften sprechen Sie sich selbst zu? Sollten Sie sich im Besitz einer Eigenschaft fühlen, schreiben Sie den Begriff in die Ja-Spalte. Oder Sie vermissen bei sich diese Eigenschaft, dann erfolgt Ihr Eintrag unter «nein».

Seien Sie ehrlich zu sich selbst! Überlegen Sie gründlich:

1. Rechtschaffenheit	14. Mäßigkeit
2. Entscheidungsfreudigkeit	15. Kreativität
3. Höflichkeit	16. Bescheidenheit
4. Aggressivität	17. Geduld
5. Optimismus	18. Humor
6. Ehrlichkeit	19. Taktgefühl
7. Toleranz	20. Begeisterungsfähigkeit
8. Freundlichkeit	21. Rücksichtnahme
9. Einsicht	22. Ehrgeiz
10. Dankbarkeit	23. Ausdauer
11. Vertrauenswürdigkeit	24. Mut
12. Urteilsvermögen	25. Verständnis
13. Vorstellungskraft	

Addieren Sie nun die unter «ja» und die unter «nein» notierten Eigenschaften. Freuen Sie sich Ihrer Ja-Eigenschaften. Dazu zählt auch die dynamische Aggressivität, die im Lebenskampf notwendig ist. Nicht gemeint ist die primitive Aggressivität, die in Provokation und Angriff gipfelt.

Die Nein-Seite bietet Ansatzpunkte für Verbesserungsbemühungen. Konzentrieren Sie sich auf die vielfältigen Aufgaben der Selbstverbesserung.

Durchdenken Sie nochmals die einzelnen Punkte Ihrer Analyse. Stimmt Ihre Selbstbeurteilung wirklich? Es gehört Mut dazu, sich einzuordnen und dadurch Fehler einzugestehen. Sie wissen das.

Ein kurzer Streifzug durch diese Welt der Eigenschaften mag Ihnen dabei helfen.

Rechtschaffenheit:
Jeder ist bereit, seine Denkungsweise und Aktivitäten vor sich selbst zu verantworten. Es gibt Motive genug, in einer bestimmten Art und Weise zu reagieren. Die Frage ist, wie Ihre Mitmenschen Sie beurteilen. Gelten Sie als rechtschaffen oder bestehen Zweifel? Welche

Gründe führt man an? Versuchen Sie Ereignisse, deren Erinnerungssprache Ihnen unangenehm ist, zu verdrängen?
Habe ich mich geändert? Bin ich ein rechtschaffener Mensch?

Entscheidungsfreudigkeit:
Gehöre ich zu der Gruppe Menschen, die Entscheidungen nicht verzögern? Oder schiebe ich manchmal entscheidungsschwach eine Antwort hinaus? Muß ich grundsätzlich «noch einmal darüber schlafen», bevor ich eine Entscheidung fällen kann? Habe ich Angst vor Fehlentscheidungen?
Ich weiß, daß jeder Vorgang gründlich durchdacht werden muß. Jeder Irrtum prüft die Flexibilität. Bin ich entscheidungsfreudig?

Höflichkeit:
Gehören Sie zu der großen Gruppe einer vermuffelten Gesellschaft? Oder läßt Ihre Höflichkeit niemals zu wünschen übrig? Dann wären Sie gleichermaßen zu allen Menschen höflich. Verhalten Sie sich in bestimmten Fällen ablehnend?
Prüfen Sie, ob man Ihnen Arroganz nachsagen könnte. Nur freundschaftliches Verhalten schafft fruchtbare Verbindungen.
Bin ich ausgeglichen höflich?

Aggressivität:
Die Aussage, noch nie aggressiv reagiert zu haben, ist – ohne Erforschung aggressiver Empfindungen – unvollständig. Ständig spricht man davon, Aggressionen abzubauen. Warum bauen wir sie erst auf? Suchen Sie innere Ausgeglichenheit. Kompensieren Sie Spannungszustände! Ihre positive Einstellung läßt Sie nicht «explodieren». Sie können über Reizereignisse lächeln.
Bin ich ein aggressiver Mensch?

Optimismus:
Stellen Sie kräftige Erwartungen an die Zukunft. Doch jeweils unter Berücksichtigung aller Möglichkeiten und Ihrer Fähigkeiten.
Kalkulieren Sie Ihre persönlichen Schwachpunkte ein.
Vergessen Sie nicht die Unbeständigkeit der Geschehnisse. Da kein Mensch fehlerlos ist, sind auch Sie nicht fertig. Beginnen Sie, die scheinbar kleinen und unwichtigen Lebensumstände optimistischer zu sehen. Sagen Sie sich, daß nach jedem Regen wieder die Sonne scheinen wird. Dieser Spruch sei Ihre Antwort auf Tiefschläge. Aufgaben stellen sich Ihnen in den Weg, um gelöst zu werden. Jammern Sie nicht über angeblich grausame Umstände, die keine Chance lassen

würden, nach «oben» zu kommen. Sie sind nicht mehr und nicht weniger für den Mißerfolg prädestiniert als andere auch. Optimismus fordert auf, in die Welt zu lächeln. Dadurch gewinnt sie an Farbe und Freundlichkeit. Durch die Reflexion.
Bin ich ein Optimist?

Ehrlichkeit:
Wir sind darauf ausgerichtet, den persönlichen Vorteil zu suchen. Sind Sie in Hinblick darauf immer ohne Vorbehalte ehrlich? Oder mogeln Sie hier und da ein klein wenig? Wie steht es mit Ihrer Wahrheitsliebe?
Stehen Sie grundsätzlich zu Ihren Ansichten? Auch wenn diese im Gegensatz zu anderen Meinungen stehen? Unterschlagen Sie manchmal dieses oder jenes Faktum, weil sich das vorteilhafter für Sie auswirken könnte?
Wie ehrlich sind Sie?
Die Gegenwart ist voller Lügen und läßt den Abstand zur betrügerischen Absicht oft verschwindend klein werden. Unsinn auch, von Notlügen und unwichtigen Lügen zu sprechen. Denn es bleiben Lügen. Sind moralisch kritisierbar. Handeln Sie nicht unehrenhaft. Dererlei Charakterzüge hinterlassen besonders tiefe Spuren.
War ich immer ehrlich, in allem was ich sagte, tat oder dachte?

Toleranz:
Tolerenz und Fairness können zusammenhängend behandelt werden. Denn Toleranz schließt die Fairness mit ein, und Fairness schenkt Toleranz.
Wir sind vorwiegend bereit, die eigenen Fehler zu tolerieren. Quasi als Selbstentschuldigung folgt üblicherweise der Hinweis, wie menschlich es doch sei, Fehler zu haben. Gewiß, Fehler besitzen wir alle. Doch gibt es wichtigere Aufgaben, als Fehler anderer zu suchen oder zu offerieren. Üben Sie sich in Toleranz!
Klammern Sie sich nicht an die unangenehmen Menschenbilder. Suchen Sie die guten Seiten. Tolerieren Sie den Kreislauf des Lebens. Wie schnell Sie sich drehen, liegt an Ihnen. Üben Sie nicht Kritik im üblichen Sinne. Und wenn, dann sollte Ihre Kritik konstruktive Züge tragen. Überziehen Sie keineswegs die Toleranzgrenze, die jede Ihrer Handlungen umgibt.
Versuchen Sie, es den grundsätzlich toleranten Menschen gleichzutun. Zeigen Sie dadurch Ihre positive Einstellung.
Bin ich wirklich tolerant?

Freundlichkeit:
Wir kennen die natürliche und die gezwungene Freundlichkeit. Letztere ist gespielt, gar berechnend. Die unverfälschte Freundlichkeit läßt uns fragen: «Wie geht es Ihnen?» Aus ehrlichem Interesse. Eine Steigerung unseres Interesses ist die Hilfsbereitschaft. Freundlichkeit ist der beste Kommunikationsstil. Ist man darauf eingestellt, Freude zu bereiten, fällt Freundlichkeit nicht sonderlich schwer. Oftmals herrscht die knorrige Ansicht vor, auf unserer Welt wäre kein Platz mehr für Freundlichkeit. Distanzieren Sie sich vor derartig verbissenen Ansichten. Korrigieren Sie solche Meinungen. Geben Sie ungeniert Ihre freundliche Gesinnung zu erkennen. Lächeln Sie, und man wird zurücklächeln!
Bin ich ein freundlicher Mensch?

Einsicht:
Einsicht ist einer der Grundschritte zur Selbstverbesserung. Erst wenn Sie Ihre Verbesserungswürdigkeit anerkennen, wird sich Ihre Einsicht öffnen.
Einsicht ist nicht gleichzusetzen mit Demut. Demut ist die unberechtigte Angst, sich etwas zu vergeben.
Selten können Sie von anderen das Eingeständnis eines Irrtums vernehmen. Etwa: «Ich befand mich im Irrtum!» Es ist ungewohnt, der Einsicht eines Menschen zu begegnen. Auf Widerstand ist man besser vorbereitet. Daraus entsteht diese permanente Kampfbereitschaft. Beachten Sie, daß Einsicht nicht mit purer Nachgiebigkeit zu verwechseln ist. Seien Sie vorsichtig, wenn die Vernunft es gebietet.
War ich bisher einsichtsbereit?

Dankbarkeit:
Eine zweifelhafte Veranlagung ist die Undankbarkeit. Es könnte sein, daß mancher Dank nicht unseren Erwartungen entspricht. Bleibt zu prüfen, ob unsere Erwartungshaltung und Ansprüche nicht zu hoch geschraubt waren und sind. Manchmal genügt ein Lächeln oder ein Händedruck. Nicht immer erlauben es die Umstände oder Verhältnisse, mehr zu geben. Dennoch gibt es keinen Grund, enttäuscht darauf zu reagieren.
Erinnern Sie sich all derer, die Ihren Dank verdient hätten. Machen Sie sich auf den Weg! Ihre Beliebtheit wird steigen.
Kann ich echte Dankbarkeit äußern und empfangen?

Vertrauenswürdigkeit:
Sie sind der Ansicht, ein vertrauenswürdiger Mensch zu sein? Wie oft hat man Ihnen das Vertrauen ausgesprochen? Konnten Sie jeweils das entgegengebrachte Vertrauen rechtfertigen? Keine noch so prekäre Lage sollte Sie in Versuchung bringen können, Vertrauensbeweise zu mißbrauchen.
A) Gelte ich als vertrauenswürdig?
B) *Bin* ich vertrauenswürdig?

Urteilsvermögen:
Die meisten Menschen sprechen sich die Fähigkeit zu, andere Menschen beurteilen zu können. Zudem sucht man Beweise, die das einzelne Urteil bestätigen sollen. Also sucht man die Bestätigung für eine Fähigkeit, die meist nicht vorhanden ist. Zuerst urteilen, dann Begründungen suchen?
Gehören Sie auch zu jenen, die «auf den ersten Blick» zu erkennen glauben, mit wem sie es zu tun haben? Basis, andere zu erkennen, ist, sich selbst zu kennen! Das Urteil ist sonst verzerrt, jede Analyse wertlos.
Fehlurteile entspringen auch der Voreingenommenheit. Zu viele Scheinaspekte finden bei der Urteilsbildung Berücksichtigung. Vernunft und allgemeingültige Erfahrungswerte können das Urteilsvermögen kräftigen. Ein ausgeprägter und gepflegter Gerechtigkeitssinn ist wertvoll.
Wie steht es um mein Urteilsvermögen?

Vorstellungskraft:
«Stellen Sie sich einmal vor, Sie hätten …» Könnten Sie diesen Satz weiterbilden? Besitzen Sie ein ausgeprägtes und gesundes Vorstellungsvermögen? Um Vorstellungen reale Züge verleihen zu können, muß die Phantasie einbezogen werden. Hinzu gesellen sich Realitätskenntnisse.
Vorstellungskraft ist die Farbe, die eine Denkungsweise einfärbt, verschönt und interessanter werden läßt. Wenn Sie es wollen!
Als Kind träumten Sie freier und «überdachten» Grenzen. Sie konnten Ihre Gedanken weit schweifen lassen. Sie konnten sich einfach alles vorstellen?!
Wie ausgeprägt ist Ihre heutige Vorstellungskraft? Benutzen Sie diese herrliche Gabe oder verkümmert sie?
Gewiß, wir können uns manchmal den großen Erfolg vorstellen. Dann aber schwenken wir wieder ab.

Warum brechen Sie ab? Träumen Sie weiter! Was wäre wenn ...

Alles, was Sie tun, war ursprünglich ein Traum – ein Gedanke. Eine zuerst verschwommene Vorstellung wurde deutlicher, nahm Formen an und wurde endlich zum heißen Wunsch. Der Tattrieb war geboren. Sie besitzen diese natürliche Kraft. Ihr Vorstellungsvermögen kann nahende Ergebnisse abschätzen, Eventualitäten berücksichtigen. Darüber hinausgehende Gedanken sind möglich, sind erlaubt.

Schulen Sie Ihre Vorstellungskraft. Aus Ungläubigkeit und Zweifel wurden niemals Erfolge geboren.

Wie steht es um meine Vorstellungskraft?

Mäßigung:

Auf die Mahnung zur Mäßigung erntet man Unverständnis, Hohn und Spott. Raffgier dagegen wird eher toleriert und sogar als Erfolg deklariert.

Was bedeutet für Sie Mäßigung?

Eß-, Trink- und andere Genußgewohnheiten bieten allgemein ein Schauspiel beispielloser Maßlosigkeit. Motive anzuführen, verstehen betroffene Schlemmer genügend: Angst vor einem eventuellen Situationswechsel, Angst vor Not. Hinzu gesellen sich Erinnerungen an schlechte Zeiten. Und das versucht man, jahrzehntelang zu kompensieren durch maßlose Genußsucht.

Der wahre Grund für Maßlosigkeit ist mangelnde Selbstdisziplin.

Wie steht es um meine Selbstdisziplin?

Kreativität:

Kreativ sein bedeutet, Möglichkeiten ausfindig zu machen. Kreativität beinhaltet: 1. Unabhängigkeit, 2. Vorstellungskraft, 3. geistige Reife und 4. das Können. Dies alles wird durch den Willen gesteuert.

Beweisen Sie, daß Sie selbständig denken können.

Greifen Sie nicht ständig auf die Vorstellungen anderer zurück. Verstand ist das kostbarste Gut, das Sie besitzen!

Trainieren Sie Ihre kreative Vorstellungskraft. Eine gute Idee lebt davon.

Bin ich kreativ?

Bescheidenheit:

Verlockende Angebote und scheinbar reizvolle Versuchungen stellen pausenlos Anforderungen an Ihre Vernunft. Und Ihre Bescheidenheit! Bisher lehnten Sie ab oder nahmen an. Was waren ausschlaggebende

Motive für Ihr Verhalten? Lehnten Sie jemals aus echter Bescheidenheit ab?

Bescheidenheit ist auch Teil unseres Erziehungsprogramms. Empört klopft man Kindern, die ein zweites Bonbon nehmen, auf die Finger. Wer klopft uns auf die Finger?

Allzu gerne wird die Frage nach dem größten, persönlichen Wunsch mit «Zufriedenheit» beantwortet. Also ist man unzufrieden.

Besitzen Sie nicht längst jene Dinge, die einst große Wünsche waren? Glaubten Sie nicht damals, daß Sie einen bestimmten Wunsch hatten und nach einer eventuellen Wunscherfüllung zufrieden sein könnten? Warum sind Sie es nicht?

Was könnte Zufriedenheit schenken? Heruntergeschraubte Erwartungen, reduzierte Ansprüche und bessere Wertschätzung des persönlichen Eigentums.

Bin ich ein bescheidener Mensch?

Geduld:

Geduld ist eine rar gewordene Tugend. Ungeduld verzögert den Erfolg. Sie lernten, schrittweise Ihre Ziele zu verfolgen, nicht überstürzt.

Mahnungen, geduldig zu sein, werden meist als Bevormundungen verstanden. Eine anerzogene Unruhe treibt weiter. Für Sie ist das keine überlegene Motivation. Es sind neurotische Züge, die sich in der Ungeduld ausleben. Die hektische Ungeduld kann Sie aus dem Gleichschritt bringen. Das Leben unterliegt einem Takt, den es zu finden gilt.

Bin ich geduldig?

Humor:

«Humor ist, wenn man trotzdem lacht.» Wie wahr!

Humor ist ein «Gewürz», das den Alltag schmackhaft und erträglich werden läßt. Besitzen Sie Humor? Oder geht diese aufgelockerte Haltung in Verkrampfung unter? Was glauben Sie, dadurch zu gewinnen?

Pünktlich zur Karnevalszeit werden alljährlich die «Narren» wieder lustig. Weil alle es tun. Am Aschermittwoch werden ebenso pünktlich alle wieder ernst. Eine seltsame Einstellung zum Humor!

Auch wird gelacht, wenn der Alkohol genügend stimuliert. Ernste Gesichtszüge entspannen sich, und Redehemmungen können plötzlich überwunden werden. Ein gefährliches Mittel.

Scherze und lustige Geschichten erlauben: es darf gelacht werden. Außerdem ist es sehr bequem, «fertigen» Humor verkonsumieren zu können. Sehen Sie sich lieber um. Täglich sind unzählige Erlebnisse und Situationen es wert, belächelt zu werden.

Gehen Sie aus sich heraus und beweisen Sie Ihre positive Einstellung. Oder muß man Sie ebenfalls erst kitzeln, bevor Sie lächeln können? Bin ich ein humorvoller Mensch?

Takt:

Takt ist unaufdringliche und selbstverständliche Höflichkeit. Takt ist Feingefühl und berücksichtigt menschliche Empfindungen. Takt ist Rücksichtnahme und akzeptiert Schwächen anderer in wohltuender Großzügigkeit. Es ist die Achtung vor dem Mitmenschen. Taktlose hört man oft sagen: «Es ist halt meine Art, geradeheraus zu sein!» Damit glauben sie, sich einen Freipaß für taktloses Benehmen ausgestellt zu haben.

Behutsamkeit und mehr Überlegung im Umgang mit anderen könnten die zwischenmenschlichen Beziehungen entscheidend verbessern. Oder mußten Sie bereits diese peinliche Mauer des Schweigens kennenlernen, als Sie taktlose Bemerkungen abgaben? Benehme ich mich taktvoll?

Begeisterungsfähigkeit:

Überlebhaftes oder gar wildes Verhalten ist oft die Folge ungestümer Begeisterung. Wir alle besitzen die Fähigkeit, uns innerlich aufzurichten, uns hochzureißen, zu jubilieren. Das ist keine Frage des Alters oder des Geschlechts. Jeder ist in der Lage, seine Begeisterung zu kanalisieren und dort einzusetzen, wo sie nützlich und zweckmäßig wirken kann. Betrachten Sie die Begeisterung als Streichholz, das ein Flämmchen entstehen lassen kann. Daraus kann sich die Macht einer lodernden Flamme entwickeln.

Weshalb die Begeisterung dämpfen?

Ihrer Begeisterung brauchen Sie sich nicht zu schämen. Gebrauchen Sie das Werkzeug Begeisterung. Durch seinen Einsatz entpuppen sich scheinbar unlösbare Probleme plötzlich als leichtere Aufgaben. Depressive Gedanken setzen sich nicht mehr durch! Ihr psychisches Gleichgewicht bleibt gewahrt.

Ich kann mich begeistern!

Rücksicht:

Über Rücksichtnahme wird viel gesprochen. Die Aufforderungen sind vielfältig. Es wird hingewiesen auf Rücksichtnahmen in bezug auf bestimmte Personen und ihre Eigenheiten, deren Leiden, Einstellun-

gen, Launen, Umstände, Ereignisse, Empfindungen, Ansichten ...
Warum bedarf es erst der Aufforderung, rücksichtsvoll zu sein? Rücksichtsvolles Verhalten sollte zum allgemeinen Grundverhalten gehören.

In praxi werden Meinungen und Interessen «ohne Rücksichtnahme auf Verluste» durchgeboxt.

Sie zumindest können in der Familie beginnen, durch Rücksicht das tägliche Beisammensein erträglich und somit angenehm zu gestalten. Für Ihre Persönlichkeitsbildung ein wichtiger Schritt.

War ich bislang bereits ein rücksichtsvoller und anpassungsfähiger Mensch?

Ehrgeiz:
Es ist gut, ambitioniert zu sein. Prüfen Sie, ob Ihr Ehrgeiz genügend Entwicklungsraum hat. Beweisen Sie, daß Sie derjenige sind, der seine Fähigkeiten maximal einzusetzen versteht. Denn Sie sind ein Erfolgsmensch!

Versuchen Sie, den Ehrgeiz ausgehöhlter und energieloser Mitmenschen zu wecken. Zeigen Sie, welche Kräfte jeder Mensch besitzt. Machen Sie weiter! Jede erreichte Positionsstufe ist nicht Endpunkt, sondern Ausgangspunkt.

Bin ich ehrgeizig?

Ausdauer:
Ausdauer muß praktiziert werden, gepflegt, gefördert und laufend gestärkt. Ziele und erkennbare Gründe müssen vorhanden sein. Große Ziele werden meistenfalls nur unter großen Anstrengungen erreicht. Den Erfolgsgipfel zu erklimmen, erfordert Ihren ganzen Einsatz. Dann aber werden Sie befriedigt feststellen, daß jede Mühe sich gelohnt hat. Ausdauer lohnt immer!

Merkwürdigerweise ist der Mensch eher bereit, geduldig auf *kleine* Freuden zu warten. Da beweist er Geduld. Widersprüchlich ist sein Verhalten bei wichtigen Zielen. Da wird er eher ungeduldig, verbraucht sich unüberlegt, oder er ermüdet rasch. Dann neigt er dazu, vorzeitig zu resignieren. Prüfen Sie Ihre Ausdauer! Glauben Sie an sich. Stellen Sie sich das Testat aus, ein willensstarker Mensch zu sein.

Wie reagierte ich bisher? Habe ich schon vorzeitig aufgegeben?

Mut:
Sie haben sich durchgerungen, erfolgreich zu sein, und sind bereit, dafür Leistung zu bieten. Zäh verfolgen Sie die Erfolgsrezepte und be-

weisen mit dieser Einstellung gleichzeitig Mut! Denn Ihr Mut zum Erfolg birgt das Risiko, auch den Mißerfolg kennenzulernen.

Vieles kann ein Grund für Mißerfolg sein. Sie sollten aber den Mut haben, tatsächlich unabänderliche Geschehnisse zu ertragen. Verwerten Sie aber neue Erfahrungen.

Beweisen Sie auch Ihren Mut durch kontinuierliche und vorbehaltlose Selbstanalysen. Selbsterkenntnis fordert den Mut, Ergebnisse seines Forschens anzuerkennen.

Angst vor Fehlentscheidungen verhindert oft den persönlichen Einsatz. Läßt Sie die Angst, man könnte über Sie reden, die Mittelmäßigkeit akzeptieren? Dann wird es Zeit, selbstbewußter und mutiger zu werden!

Motivieren Sie sich und bauen Sie eine interessante Welt um sich. Oft werden Sie sich in dieser Welt einsam fühlen. Seien Sie gewiß, daß Sie nicht allein sind – Sie werden begleitet.

Bin ich mutig und durchhaltestark?

Verständnis:

Verständnis, Hilfsbereitschaft und Güte sind Eigenschaften, die man bestimmten Berufsbildern zuschreibt. Konfessionelle Dienste und Pflegeberufe «sind dazu da», hört man immer wieder. Man vergißt, daß persönliche Motive ebenso ausreichend Verständnispotential bilden können. Jeder kann den Kreis der Verständnisvollen ergänzen.

Sie sollten sich verpflichtet fühlen, eine Front verhärteter Meinungen durch ausgleichendes Verständnis und Toleranz aufzulockern. Ihr Verständnis sollte Mut zur Aussprache hervorrufen. Beweisen Sie, daß die Menschlichkeit lebt und nicht nur ein Wort ist. Manche Abgründe können ausschließlich durch Verständnis überbrückt werden. Ermuntern Sie Verschlossene, sich zu öffnen. Introvertierte sind selten glücklich mit ihrer Art. Es liegt weitgehend an Ihnen, ob es gelingt, eine freie Kommunikation zu schaffen und Verkrampfungen zu lösen. Die Achtung vor Ihnen wird zunehmen. Sie werden als souverän gelten. Sie bauen Zuversicht auf und strahlen Kraft aus. Auf Sie baut man. Bereitwillig und hoffnungsvoll. Denn Sie ziehen sich nicht in die bequeme Gleichgültigkeit zurück. Übersehen Sie jedoch niemals die Verantwortung, die sich aus Ihrer Ansprechbarkeit ergibt! Konzentrieren Sie sich auf diesen Teil der Selbstverbesserung. Denn er hilft, vielen Anforderungen gerecht zu werden.

Bin ich verständnisbereit und offen?

Selbstdisziplin

Schädliche Fehler

Selbstdisziplin, wie sie gemeint ist, entsteht ausschließlich aus der Arbeit an sich selbst. Der Mensch neigt zu vorschnellen Wunscherfüllungen, ohne die notwendigen Gegenleistungen zu bedenken. Er glaubt zwar, sich und die Situation unter Kontrolle zu haben, bemerkt aber aus diesem Irrtum heraus nicht, wie ziellos er sich bewegt. Er folgt nicht einer klaren Konzeption und einem stabilen Stil, sondern paßt sich eher launigen und unzuverlässigen Eingebungen an.

Der Mensch ohne Selbstdisziplin sucht gelegentlich die breite und bequeme Straße. Möglichst frei von Hindernissen sollte sie sein. Den furchigen Weg meidet er. Doch gerade er könnte eine Abkürzung auf dem Weg zum Erfolg sein.

Das Leben bedarf vieler Kontrollen. Jede Planung hat sich danach zu richten.

Die gesamte Natur ist darauf abgestimmt, sich laufend selbst zu verbessern und zu kontrollieren. Schauen Sie auf die Natur und setzen Sie Ihre Fähigkeiten zur Selbstverbesserung und Selbstkontrolle ein.

Selbstbeherrschung beginnt mit der Kontrolle eigener Gedanken. Denken Sie vor, was Sie aussprechen wollen.

Würden sich die Menschen daran halten, gäbe es weniger Mißverständnisse und Unfrieden. Disziplinieren Sie Ihren Geist. Bekämpfte Fehler und Schwächen sind Wegbereiter zum Selbstvertrauen.

Selbstschädigende Fehler:

1. Anerkennung, die mir nicht zusteht, zu stehlen
2. Andere wissentlich zu denunzieren
3. Gerede aufzunehmen und weiterzugeben, ohne den Wahrheitsgehalt zu überprüfen
4. Hilfe abzulehnen und in Selbstverherrlichung zu schwelgen
5. Sich rücksichtslos in den Vordergrund zu drängen.

Zu 1.: Es ist eine weitverbreitete Unsitte, ungerechtfertigt Lob anzunehmen. Anerkennung, die anderen gebührt. Die Suche nach dem persönlichen Vorteil animiert zum Verrat an den wahren Leistungsträgern. Solche Menschen werden zum Dieb an anderen. Ein übersteigertes Prestigestreben überrennt Bedenken und Hemmungen. Sehen Sie sich in der Reihe solcher Lobempfänger? Ein äußerst selbstschädigender Fehler, der auf Dauer nicht ohne Auswirkung bleibt.

Zu 2.: Denunziation bedeutet Kampf. Eines der unfairsten und hinterhältigsten Mittel ist der Rufmord. Menschen werden in Verruf gebracht, wobei man jene falsche Aufgeschlossenheit einkalkuliert, die den meisten Menschen eigen ist. Anklagen werden bereitwillig aufgenommen, aufgebauscht und weitergegeben. Dabei spielt man sich als Moralist auf. Erzählung und Verurteilung in einem Atemzug.
Wählen Sie die offene Aussprache mit dem, der in Konfrontation zu Ihnen steht. Dann werden Sie nicht in die Versuchung kommen zu denunzieren.

Zu 3.: Bilden Sie sich Ihr eigenes Urteil und verwerten Sie es für sich. So kann Ihnen der Vorwurf erspart bleiben, einem Menschen durch übernommenes und ungeprüftes Gerede geschadet zu haben. Es entspricht dem Charakter eines Schwätzers, sich in Aussprüche wie: «Ich hörte nur …» oder «man sagt ja nur» zu flüchten. «Ohne Gewähr» soll das bedeuten. Erreicht hat er dennoch, was er wollte. Zuhörer sperren Augen und Ohren auf und klagen an.

Zu 4.: «Man hat ja seinen Stolz!»
In Not ist es keine Schande, Hilfe anzunehmen. Oftmals wird der Kopf zu hoch getragen und angetragene Hilfe gar empört oder arrogant abgelehnt.
Es ist kein Anlaß, sich zu schämen, wenn man seine Notlage erkennt

und um Hilfe bittet. Notlagen können am besten durch gemeinschaftlichen Ratschlag kooperativ gelöst werden.

Weshalb sollte man eher in Kauf nehmen, an einer unausgesprochenen Frage zu zerbrechen?!

Zu 5.: Viele stehen in vorderster Linie, ohne eigentlich ein Anrecht auf diese Position zu haben. Falsch verstandener Ehrgeiz verleiht das Image eines Egoisten.

Gewiß, der tägliche Existenzkampf erzieht zur Härte. Er fordert Durchsetzungsvermögen. Jeder wehrt sich nach besten Kräften dagegen, zu den Verlierern zu gehören. Doch die Wahl der Mittel bestimmt den Stil.

Stürzen Sie nicht «ohne Rücksicht auf Verluste» vorwärts. Mit Ungestüm rennend, holen Sie sich nur Beulen. Gebrauchen Sie Ihren Verstand.

Entwicklung zum Lehrmeister

Unterstützen Sie andere, und Sie unterstützen sich selbst am meisten. Dies ist der sicherste Weg, vorwärts zu kommen.

Geben Sie von Ihrem Wissen ab, und Sie werden bald zu den unersetzlichen Lehrmeistern zählen. Heben Sie andere auf den Stuhl, und man wird Sie nachziehen. Reichen Sie anderen die Hand. Ihre Anständigkeit wird Anlaß sein, Sie als Freund zu behandeln. So helfen Sie sich am meisten und erzielen auf faire und anständige Weise Erfolge.

Viele selbstschädigende Fehler können Sie vermeiden, indem Sie überlegt handeln. Reagieren Sie nicht allzu spontan auf Provokationen. Indem Sie diese Regel beachten, werden Sie dem grundlegenden Wunsch nach friedlichen Abwicklungen gerecht.

Suchen Sie ständig nach Möglichkeiten, Ihre Fähigkeiten bestmöglich einzusetzen. Ergreifen Sie die Initiative. Spielen Sie Ihre geschulte Willenskraft aus. Aktivitäten müssen erkennbar sein! Gehen Sie ans Werk. Selbständig. Sie können alleine laufen.

Selbstkritik eines Verkäufers

Viele verdienen als Verkäufer ihren Lebensunterhalt. Dieser Beruf erfordert eine besonders genaue Selbstkritik. Prüfen Sie sich in den für Sie anwendbaren Punkten:

1. Selbstbeobachtung
2. Selbstkontrolle
3. Betriebsbindung
4. Kollegialität
5. Entlohnung
6. Selbstwert
7. Kundenverhältnis

Zu 1.: Eine genaue Selbstbeobachtung zeigt unweigerlich verbesserungswürdige Schwachstellen auf. Ihre persönliche Ausstrahlung beispielsweise ist enorm wichtig.
Stellen Sie sich vor einen großen Spiegel. Betrachten Sie sich. Fragen Sie sich, ob man zu diesem Menschen – den Sie da sehen – Vertrauen fassen kann. Stellen Sie eine gepflegte Erscheinung dar? Sprechen Sie überzeugend? Wie gut oder wie schlecht beherrschen Sie Ihre Muttersprache? Wie groß ist Ihr fachliches Vokabular? Müssen Sie nach Worten suchen oder denken Sie während des Sprechvorganges vor? Trainieren Sie sich! Es ist eine lohnenswerte Kunst, sich gekonnt und sicher verbal mitzuteilen.

Zu 2.: Es genügt nicht, Aufgaben zu erledigen und den Vorgang dann abzulegen, um ihn zu vergessen. Kontrollieren Sie das Verrichtungssystem. Prüfen Sie die Qualität Ihrer Arbeit. Der Abend bietet Gelegenheit, die Tagesarbeit zu kontrollieren. Waren Sie produktiv?
Konnten Sie sich Ihrem Ziele nähern?
Wie stellt sich der Erfolg dar und was könnten Sie aus Mißerfolg lernen?
Pflegten Sie Ihr Image?
Konnten Sie Freunde gewinnen?
Waren Sie kreativ?
Sind Sie noch genügend motiviert – kann Sie Ihr Hauptziel noch begeistern?
Wie stark ist Ihr Verlangen nach Verwirklichung?
Ist der Plan für den morgigen Tag erstellt und stellt er eine Ergänzung des absolvierten Pensums dar?

Hielten Sie Ihren Plan punktgerecht ein?
Welche Teilziele erreichten Sie?
Verbesserung durch Selbstkontrolle!

Zu 3.: Untersucht man Betriebsbindungen, entdeckt man meist eine erschreckende Oberflächlichkeit solcher Verzahnungen. Die Ursachen sind vielfältig. Zum Beispiel eine übersachliche und unpersönliche Betriebsatmosphäre. Die persönliche (menschliche) Ansprache fehlt.
Oft präsentiert sich der Arbeitgeber als unsichtbare autoritäre Macht. Oder die Führungsspitze isoliert sich weitgehend. Folgen: Unsicherheiten und das Gefühl der Isolation bei den betroffenen Mitarbeitern.
Sollten Sie mit solchen Vorgängen befaßt sein, können Sie helfen, diese destruktive Distanz zu verringern. Durch Ihr persönliches Verhalten.
Wie nehmen Sie Order an? Mürrisch und verständnislos? Dann sei Ihnen geraten, den Sinn der Anweisungen zu verstehen. Kennen Sie die jeweiligen Zusammenhänge des Betriebsablaufes? Aus ihnen resultieren Erfordernisse und konzeptionelle Aufgaben.
Versuchen Sie mitzudenken? Oder meinen Sie, ein kleines bedeutungsloses «Rädchen» zu sein? Diese Einstellung könnte Frustrationen aufbauen. Sie würden sich unbedeutend vorkommen. Die Folgen wären schwache Leistungen. Wie also ist Ihre Einstellung?
Versuchen Sie den Zusammenhang zur Frage zu sehen: Wie ausgeprägt ist Ihre Disziplin?

Zu 4.: Wie entsteht Kollegialität?
Menschen gestalten ihr Verhältnis zueinander. Jeder kann in seinen Kreisen das kollegiale Verhalten fördern. Strebertum muß nicht zu Lasten der Kollegen gehen.
Sollten Sie in einen Disput verwickelt sein? Stellen Sie sich die Schuldfrage! Waren Sie fair? Oder landen Sie auch gelegentlich einen Tiefschlag?
Bestehen Freundschaften zu Kollegen?
Wie beliebt – glauben Sie – sind Sie?
Drängt sich Ihnen der Eindruck auf, nur geduldet zu sein?
Gelingt es Ihnen, Spannungen und Komplikationen zu lösen? Beansprucht man Sie als Ratgeber?
Halfen Sie schon, Gerüchte und Verleumdungen zu lancieren?
Schaffen Sie sich Freunde, und Sie werden Freude an Ihrer Arbeit fin-

den! Prüfen Sie selbstkritisch Ihr Rollenspiel in der Gruppe. Welche Rolle spielen Sie? Clown, Mitläufer, formeller oder informeller Führer?

Zu 5.: Keiner erwartet von Ihnen, umsonst tätig zu sein. Doch beanspruchen Sie Ihre Erwartungen nicht in Höhen, die Sie noch nicht zu beanspruchen haben? Auch der Eigenwert muß gesund wachsen.
Die Entlohnung sollte dem Einsatz entsprechen. Leistungsgerecht also. Entspricht Ihr gegenwärtiges Einkommen Ihren Leistungen? Rechnet man in einer Höhe auf, die Sie eigentlich nicht verdienen? Stellen Sie sich ruhig einmal die Frage, ob Ihr Verdienst – gemessen an Ihrer Leistung – überhöht ist.
Selbstverständlich sollte die Bedeutung eines Aufgabengebietes nicht unter- oder überschätzt werden. Und nicht immer sind das eigentliche Ausmaß und der Wert einer Arbeit erkennbar. Auch wird manchmal die Verantwortung übersehen, die der Leistungsträger zu übernehmen hat. Schon deshalb sollten wir bei der Beurteilung fremder Tätigkeiten vorsichtig sein und eine vorschnelle Beurteilung vermeiden.
Sollten Sie glauben, ungerecht entlohnt zu werden, gilt es Gründe zu erforschen. Suchen Sie nach den Ursachen. Beginnen Sie mit der Selbstkritik. Fragen Sie sich ehrlich, ob Sie einer anderen Person für dieselbe Leistung mehr bezahlen würden?!
Besonders wenn Sie selbständig agieren, bestimmen Einsatz und Ideenreichtum Ihr Einkommen. Ihr Einkommen muß nicht stagnieren. Es gibt immer eine Steigerungsmöglichkeit.
Stets wird die Leistung vor das Einkommen gesetzt! Denken Sie daran!

Zu 6.: Jeder Mensch besitzt einen Ausbildungswert, einen «Geschäftswert». Beherrschen Sie die grundlegenden Verkaufsregeln? Die Regeln des Selbstverkaufs?
Kennen Sie die Geschäftsmaterie?
Sprechen Sie aus Überzeugung oder führen Sie nur programmierte Verkaufsargumente an?
Argumentieren Sie sachkundig und überzeugend?
Mangelt es am Vorsatz, sich fortzubilden – das vorhandene Wissen zu aktualisieren? Oder sind Sie fit und verstehen es, Ihr Selbstvertrauen zu bewahren?
Graben Sie sich tief in berufliches Spezialwissen. Es stellt die Grundlage Ihrer Existenz dar! Ihr Ehrgeiz sollte entsprechend groß sein.
Trotz aller Strebsamkeit darf Ihre Gesundheit nicht leiden. Suchen

Sie Möglichkeiten, die helfen, physische und psychische Belastungen auszugleichen. Kompensieren Sie die Symptome des «großen Stress».

Es ist wahr, einer der schwersten Berufe ist der des Verkäufers. Gleichzeitig zählt dieser Beruf zu den interessantesten und lukrativsten. Nur fragwürdige Praktiken und zweifelhafte Offerten produzieren Mißtrauen. Nur der geschulte und gewissenhafte Verkäufer kann sich auf Dauer behaupten. Es ist beileibe keine Schande, etwas verkaufen zu wollen. Sie als Verkäufer haben etwas anzubieten. Bedürfnisartikel oder Luxusartikel – beides wird verlangt. Sie geben etwas!

Sollte diese Einstellung bei Ihnen noch nicht tief genug verwurzelt sein, erübrigt sich die Frage nach Verbesserungsmöglichkeiten. Beginnen Sie mit dem Auf- oder Ausbau Ihrer Einstellung zum gesamten Verkaufswesen.

Zu 7.: Stimmen Sie zu, daß der Kunde König ist? Bringen Sie es fertig, Ihr Verhalten auf den Kunden einzustellen? Oder unterbinden Sie Versuche Ihrer Kunden, sich offen zu äußern?

Prüfen Sie die Harmonie Ihrer Gesprächsführung. Wie ist die Interaktion?

Im heutigen Geschäftsleben scheinen Unwahrheiten zum «Spiel» zu gehören. Wichtige und informelle Aussagen werden beinahe nach Belieben auf- oder abgerundet. Mit dem Hauptziel, Profit zu erzielen. Verträge werden «gebaut» und Risiken möglichst weitergegeben. Verkaufsorgane gebrauchen durchdachte und ausgeklügelte Formulierungen und üben sich im zweckbestimmten Verhalten. Pro domo werden Kunden geschickt umgarnt. Den Vorteil im Vordergrund sehend, vergißt man, daß Vertrag von *vertragen* kommt.

Der krasse Ausdruck so mancher spannungsgeladenen Situation kann nur durch die Art des Verkäufers entkrampft werden. Das hängt wesentlich von seiner Selbstbeherrschung und einer eisernen Selbstdisziplin ab. Prüfen Sie deshalb Ihre Belastbarkeit, Ihre Disziplin und Ihr Einfühlungsvermögen.

Der disziplinarische Eigenbefehl

Zusammenfassend läßt sich sagen, daß Ihr Persönlichkeitsbild durch Selbstdisziplin enorm gewinnt. Die Undiszipliniertheit vieler Menschen bietet Ihnen die Chance, sich hervorzutun.

Dadurch, daß Sie sich unter Kontrolle haben, befinden Sie sich im Vorteil. Denn Ihnen gegenüber wird man sich ein wenig schwächer und unsicherer fühlen. Ihre konfrontierende Stärke mahnt zur Vorsicht. Angriffe auf Ihr Image verpuffen wirkungslos. Ihr Selbstimage gewinnt – und damit Ihr Glaube an sich selbst. Sie fühlen sich freier und entspannter. Diese wesentliche Entlastung sorgt für bessere innere Ausgeglichenheit. Dadurch reduzieren sich Belastungen auf ein verträgliches, also verarbeitbares Maß.

Übermäßiger Stress und seine Folgeerscheinungen, die zunehmend fordernde Verhaltensform der Mitmenschen – dies alles erfordert mehr und mehr Kraft. Ihre substantielle Widerstandskraft wird ständig angezapft. Diese permanente Belastung zu überwinden, hilft Selbstdisziplin. Warten Sie nicht darauf, auf Fehler und Unzulänglichkeiten angesprochen zu werden. Fügen Sie sich in einen selbstauferlegten Lernprozeß mit dem Ziel ein, allen Lebenslagen gewachsen zu sein. Kein anderer kann Ihnen Selbstdisziplin schneller und nachhaltiger beibringen als Sie sich selbst.

MERKSATZ: Disziplinieren Sie sich auf Ihrem Weg zum Erfolg!

Durchhaltevermögen

Das Erfolgserlebnis

Erfolgsmenschen werden oft gefragt, worauf Sie ihren Erfolg zurückführen. Die Frage dürfte meistens mit dem Rat beantwortet werden, das Durchhaltevermögen zu stärken.

Sie lernten Mißerfolge zu verkraften und die positive Einstellung zu behalten. Betrachten Sie sich somit als unschlagbar!

«Immer wieder aufstehen!» Dies sollte Ihre Devise sein.

Durchhaltevermögen ist ein Ausdruck persönlicher Stärke. Das Leben bietet sehr verlockende «Früchte», die sich jedoch nur durch Leistung erbeuten lassen.

Vergessen Sie nicht, zwischendurch Pausen einzulegen! Ruhe schenkt Kraft und bietet Gelegenheit, Ziele zu überdenken. Gedanken an Verzicht und Rückzug dagegen programmieren die destruktive Stagnation. Der Mißerfolg ist dann nicht weit. Mißerfolg kann nicht bestehen, wenn Sie dagegen angehen. Sie besitzen die Fähigkeit, sich wieder aufzurichten.

Jede schwierige Lage ist eine Prüfung. Denken Sie daran, daß Stahl härter wird, je öfter er dem Feuer ausgesetzt wird.

Zerlegen Sie das vermeintliche Problem und kapitulieren Sie nicht. Lernen Sie auch unvermeidliche Niederlagen anzunehmen, ohne Frustrationen aufzubauen. Ziehen Sie Lehren daraus. Schlüpfen Sie in die Schülerrolle und gewinnen Sie einer Problematik die fragende Seite ab. Lohnt es sich, Angst vor einer Anforderung zu haben? Ist die Angst meiner Selbstsicherheit überlegen?

Neue Fragen werden über bereits praktizierte Lösungen hinauswirken. Neue Antworten müssen gefunden werden. Ein Spiel, dessen Regeln Sie beherrschen müssen. Sie sind für den Ausgang verantwortlich, denn Sie gestalten Ihr Leben.

Das Erfolgserlebnis ist eine erfüllende Bestätigung dafür, etwas richtig und gut getan zu haben. Sie empfinden Zufriedenheit. Das Erfolgserlebnis hinterläßt eine nachhaltige Erinnerung.

Ein Erfolgserlebnis entsteht aus Zielverfolgung, Arbeit, Mut zum Risiko – aus überwundenen Schwierigkeiten. Der altrömische Philosoph Seneca meint: «Es kommt nicht darauf an, was man zu tragen hat, sondern *wie* man es trägt!»

Erfolg ist die zunehmende Verwirklichung eines erstrebenswerten Ideals. Eine Idealvorstellung – was ist das?

Ist es ein zusammengeflicktes, billiges und sogar trügerisches Wunschbild? Ist es ein unbestechliches, dem Geist vorschwebendes Muster an Vollkommenheit?

Konnten Sie Ihr Ideal finden? Wenn ja, sollten Sie alles, was Sie besitzen und je besitzen werden, dafür einsetzen.

Verfolgen Sie dieses ideale Ziel mit aller Kraft! Doch prüfen Sie vorher genau, ob Sie dem Ideal gewachsen sind. Richten Sie sich nach Ihren Fähigkeiten und Möglichkeiten. Bleiben Sie Realist, trotz einer gewissen Euphorie.

Phrasen und Ausflüchte

Um einer schmerzhaften Konfrontation unbarmherziger Fragen auszuweichen, werden bestimmte Phrasen benutzt. Dadurch entstehen Verzögerungsphasen von unbestimmter Dauer. Eine Flucht in leere Redewendungen, die zu keiner Lösung führt.

Fragen sind da, um gelöst zu werden. Aber es gibt Fragen, die vom Ziel wegführen und Unsicherheit produzieren.

Beliebt ist die Überlegung, was wäre, «wenn ...». Wenn dies und wenn jenes dazwischenkäme. Wenn die Voraussetzungen günstiger wären, ja wenn ... Dann könnte man – dann würde man ... Was nützt die Flucht in unbestimmte Komponenten?

Auch ist die Gefahr groß, sich in unzähligen «Aber» zu verlieren. Sie untermauern nur Scheinargumente. Viele setzen einer fordernden Aufgabe alle möglichen Einwände entgegen. Widerspruch, mangelnde Einsicht und die Unlust, sich zu disziplinieren, äußern sich deutlich durch diesen Aber-Einwand.

Ein weiteres betrügerisches Wort ist «vielleicht». Es versucht, über klare Tatsachen hinwegzutäuschen. Dieses Wort ist ein Bekenntnis zur Kleingläubigkeit, Zweifelhaftigkeit. Dieses Wort demonstriert den Versuch, Instabilität zu schaffen. Es windet sich durch viele unentschlossene Sätze. Diese unbestimmte Vokabel wird zum Zweck des Zeitgewinns eingesetzt und sorgt dennoch bei der Zielverfolgung für Zeitverlust. Denn durch «vielleicht» wird eine Zielvorstellung nicht transparent.

«Das kann ich nicht!» Täglich wird diese Behauptung von vielen Menschen ausgesprochen. Dadurch verbalisieren sie eine erbärmliche Selbsteinschätzung. Denn sie glauben an die eigene Aussage. Unüberlegt und kritiklos geben Sie sich dem Irrtum hin, für bestimmte Aufgaben nicht kompetent und stark genug zu sein.

Resignation läßt dem Erfolg keine Chance!

Optimale Lösungen werden selten auf Anhieb gefunden. Doch vollkommen unlösbar sind die wenigsten Aufgaben.

Vermeiden Sie, Begriffe wie «wenn», «aber», «vielleicht» und «kann nicht» vorschnell und unüberlegt einzusetzen!

Fortschritte

In seiner anerzogenen Strebsamkeit ist der Mensch vorwiegend auf vorzeigbaren Gewinn ausgerichtet. Derlei Gewinne sind vergänglich. Überzeugungen dagegen weit beständiger. Überzeugungen werden Ihnen helfen, Geschicke zu leiten und Kritik leichter zu ertragen. Sie gewinnen aus Überzeugung Kräfte, die helfen, stabil durchzuhalten. Fundieren Sie Ihren Standpunkt. Bewegen Sie sich konzentriert dem Ziel entgegen.

Im Alter um die dreißig Jahre hat ein Mensch den Großteil seiner produktiven Zeit noch vor sich. Viele stellen sich auf diese Erkenntnis ein und unternehmen geradezu *geistige* Akrobatik, um erfolgreich zu werden. Doch mit verschränkten Armen geistig rege zu sein, ist zu wenig. Erfolg hat nur der, der sich ohne nachzulassen einsetzt – und bewegt! Glauben Sie an Ihre «Träume» und kräftigen Sie Ihren Glauben daran.

Der Schriftsteller Mark Twain meinte: «Gib Deine Illusionen nicht auf. Hast Du sie verloren, dann magst Du zwar Dein Dasein fristen. Aber leben im eigentlichen Sinne kannst Du nicht mehr!»

Wir sehnen uns danach, private und berufliche Sorgen leichter nehmen zu können. Dies gelingt selten, denn die Eindrücke sind zu stark. Wir fühlen uns davon behindert und können uns nur schlecht von dieser schmerzhaften Befangenheit befreien.

Sollten Sie betroffen sein, sollten Sie pausieren! Ruhen Sie sich aus. Versuchen Sie den Nebel, der sich über diese Lebensphase legt, zu durchdringen. Dieser Nebel kann Sie nicht wirklich lähmen. Er ist nur Signal, Rast zu machen. Aber ruhen Sie aus, ohne Ihre Kräfte total brachzulegen. Prüfen Sie zwischendurch Ihre Funktionsfähigkeit. Ein Bauführer sagte einmal: «Die langen Pausen sind es, die uns so fertigmachen. Die Arbeit selbst hält uns fit!»

Spontaneität und gefährliche Unrast könnten Sie veranlassen, einen vollkommen neuen Weg zu beschreiten. Ein vermeidbarer Umweg. Dabei hätte eventuell eine kleine zusätzliche Kraftanstrengung genügt, um den alten Weg zu bezwingen. Sie wollten ungestüm Sieger werden und haben verloren. Bedenken Sie deshalb die Risiken einer Umkehr. Investieren Sie zusätzlich *Glaubenskraft, Mut, Energie, Zeit und auch Geld.*

Setzte sich schon Ihr bisheriger Einsatz aus diesen Investitionen zusammen, können Sie ihn unmöglich als Fehlinvestition abschreiben. Ihr Eindruck, sich nur unendlich langsam vorwärts zu bewegen, ändert nichts an der Tatsache, daß Sie sich vorwärts bewegen. Bewegung ist Fortschritt! Halten Sie durch. Bereits der nächste Schritt könnte Sie gewinnen lassen! Drohender Mißerfolg sollte Ansporn genug sein, keinesfalls aufzugeben.

Instabile Vorsätze

Keiner kann behaupten, daß es leicht wäre, Durchhaltevermögen ständig zu bewahren. Ablenkende Versuchungen arbeiten jedem noch so festen Vorsatz entgegen.

Nehmen wir zum Vergleich einen Raucher. Nehmen wir an, er konnte sein Laster aufgeben und verfiel ihm dennoch wieder. Des Rauchers fester Vorsatz wich der Sucht. Hinzu gesellten sich Herausforderungen, Provokationen und schleichende Versuchungen. So fiel langsam, aber sicher die einstmals standhafte Weigerung, wieder dem Übel zu verfallen, in sich zusammen.

So werden Vorsätze gebrochen.

Verunsicherungen treten nicht unverzüglich auf.

Könnte der Wille des ersten Tages, wenn er noch sehr frisch und stark ist, erhalten bleiben, würden sämtliche Verlockungen scheitern. Doch jede Stabilität ist relativ. Die eigentliche Blamage tritt später ein, wenn man vor sich geradestehen muß. Und wenn andere, denen man sein Ziel großartig verkündete, spötteln.

Der 21-Tage-Rhythmus

Wie können Schwächen abgebaut werden? «Der 21-Tage-Rhythmus» gibt Ihnen die Chance, Ihre Selbstverbesserung zügig voranzutreiben.

Dazu ein Beispiel: Für manche Menschen ist es problematisch, morgens früher aufzustehen. Gehören Sie zu ihnen? Setzen Sie sich das Ziel, ab sofort morgens eine Stunde früher aufzustehen. Bevor Sie einschlafen, konzentrieren Sie sich auf die gewünschte Weckzeit. Nach einiger Übung werden Sie wie einprogrammiert aufwachen.

Wichtig ist, daß Sie sich am nächsten Morgen keinesfalls davon abbringen lassen, zum vorgeplanten Zeitpunkt aufzustehen. Nicht früher und nicht später! Pünktlich!

Der Beginn einer solchen Umstellung wird ihnen schwerfallen. Sie waren bisher gewohnt, gewissen Schwächen oder nunmehr untergeordneten Wünschen nachzugeben.

Bereits nach einigen Tagen werden Sie für Ihre Ausdauer entschädigt. Die gewonnene Zeit verlängert den Tag. Der Tag hat mehr Inhalt zu bieten.

Wichtig ist, daß der Rhythmus nicht unterbrochen wird. Auch nicht an Sonn- und Feiertagen. Im letzten Zeitdrittel wird Ihr Durchhaltevermögen besonders gefordert. Es ist keineswegs leicht, einundzwanzig Tage durchzuhalten. Egal, welchen Vorsatz Sie über diese Zeitdauer bringen möchten. Aber schaffen Sie es, besitzen Sie eine Schwäche weniger. Hinzugewonnen haben Sie eine konstruktive Gewohnheit. Warum noch Zeit verlieren? Beginnen Sie. Bauen Sie über dieses rhythmische System Ihre größte und nutzloseste Schwäche ab!

Sollte es Ihnen nicht gelingen, die einundzwanzig Tage durchzuhalten, müssen Sie von vorne beginnen.

Wie wichtig Durchhaltevermögen ist, bewiesen vor allem große Erfinder. So mußte der nordamerikanische Erfinder Edison Tausende Versuche starten, ehe die Glühbirne als erfunden gelten konnte. Edison wurde gefragt, wie sehr es ihn berühre, so viele Fehlschläge bis zur Lösungsfindung erlitten zu haben. Doch er verwahrte sich dagegen, seine Versuche als Mißerfolge bezeichnet zu sehen: «Ich habe nur um die zehntausendmal herausgefunden, wie es *nicht* geht.» Edison betrachtete die «Fehlschläge» als richtungsweisende – ja direkt notwendige Erfahrungen, die gemacht werden mußten.

Jeder Mensch mit entsprechendem Durchstehvermögen kann außergewöhnlich erfolgreich werden. Es gilt, am Ball zu bleiben. «Klebfähigkeit» muß bewiesen werden, davon sind neunzig Prozent «Kleb ...» und zehn Prozent «... fähigkeit»!

Die Fähigkeit durchzuhalten, besitzt jeder Mensch. Die wenigsten jedoch «kleben» stark genug an ihren Zielvorstellungen. Ein gern gebrauchter Vorwand, aufzugeben, sind angeblich mangelnde Fähigkeiten. Oder man konstruiert Scheingründe. So werden «das Schicksal» oder «die Umstände» ins Feld geführt.

Solche Entschuldigungen leiten die Schwächung des Selbstwertgefühls ein und steuern in Richtung Resignation und Verkennung der persönlichen Möglichkeiten.

Der Glaube, es schaffen zu können, ist nur eine grundlegende Komponente. Erst die Tat schafft die Vollendung. Das Boot mit Namen «Glaube» treibt nur im Wasser. Das Paddel «Tat» läßt es manövrierfähig werden und bewegt es dem Ziel entgegen.

Negatives Denken

Negatives Denken manifestiert sich in:

A) Angst
B) Zweifel
C) Sorgen.

Zu A): Wir unterscheiden sieben Grundängste

1. Angst vor Armut
2. Angst vor Kritik
3. Angst vor Krankheit
4. Angst, Liebe zu verlieren
5. Angst, Freiheit zu verlieren
6. Angst vor dem Alter
7. Angst vor dem Tod.

Zu A) 1.: Angst vor Armut mobilisiert extrem stark. In unseren Breiten empfinden wir es beinahe als Schande, arm zu sein oder als arm zu gelten. Man lebt allzugerne nach dem Motto: ‹Mehr scheinen als sein!› Wenn Menschen ihre Ziele setzen, schielen sie mit einem Auge auf den Besitz des Nachbarn. Dessen offensichtlicher Erfolg treibt an und weckt den Ehrgeiz.

So weit, so gut.

Doch es drängt sich die Frage auf, warum wir unsere Vorstellungen nach denen der anderen ausrichten. Wichtiger ist vielmehr, sich mit der oft zu beobachtenden geistigen Armut zu beschäftigen. Dieser schlimmsten Armut gilt es zu entkommen! Durch Selbstverbesserung! Materieller Reichtum ist kein Ausgleich für geistige Armut. Doch geistiger Reichtum läßt nie arm sein!

Zu A) 2.: Der Mensch ist kritikscheu.
Ob positiv oder negativ kritisiert, wir empfinden es als äußerst unangenehm, eventuell im Mittelpunkt stehen zu müssen.
Oftmals werden außergewöhnliche Ziele nur deshalb nicht angestrebt, weil Angst vor Kritik den Mut sinken läßt.
Menschen befürchten, «ins Gerede» zu kommen. Deshalb ziehen sie es vor, nicht Mittelpunkt, sondern einfacher Durchschnitt zu sein.
Überhören Sie destruktiv angelegte Kritik. *Sie* gestalten Ihr Leben. Nehmen Sie dagegen konstruktive Kritik an. Sie dient Ihrer Selbstverbesserung und somit Ihrem Aufbau.

Zu A) 3.: Auf die Frage, was im Leben besonders wünschenswert sei, wird meistens geantwortet: «Gesundheit!». Gesundheit zu wünschen, genügt nicht. Leben Sie auch danach? Achten Sie auf Ihre Gesundheit? Analysieren Sie Ihre Lebensweise. Einen Großteil der Angst vor Krankheit können Sie sich nehmen. Reduzieren Sie doch gesundheitsschädigende Risiken, denen Sie ausgesetzt sind. Leben Sie gesünder durch sportliche Betätigung, aufbauende Kost, Absetzung von Suchtmitteln. Beanspruchen Sie geeignete Angebote aus der Palette prophylaktischer Maßnahmen. Vorbeugung räumt die größten Chancen ein, gesund zu bleiben. Tun Sie überhaupt alles, was Ihre Gesundheit fördern und erhalten könnte. So können Sie dieser dritten Grundangst weitgehend den Schrecken nehmen.

Zu A) 4.: Der Mensch wurde geschaffen, sich in die Gemeinschaft einzufügen. Selbstverständlich bleibt die Individualität in ihrem Wert unantastbar, erlaubt aber die Entwicklung zur Gemeinschaft über eine Abstimmung diverser Interessen.
Oft befinden wir uns nur scheinbar in Gesellschaft. Innerlich fühlen wir uns allein. Auch wenn Ihnen diese innere Leere unbekannt geblieben sein sollte, so kennen Sie wahrscheinlich die Furcht davor. Der mögliche Verlust von Liebe und die Erfahrung menschlicher Kälte ängstigt uns.
Liebe ist der Quell des Lebens. Und Liebe gestaltet das Leben erträglicher. Weil sie Hoffnung schenkt. Manchmal beschreitet der Mensch

auf der Suche nach Liebe Irrwege. Und jeder Irrtum gipfelt in Enttäuschung. Echte Liebe schenkt Kraft und scheint endloses Glück zu geben. Danken Sie deshalb den Menschen, die Ihnen Zuneigung antragen und wahre Liebe beweisen. Unverfälschte Liebe kann nun einmal nicht mit Geld erkauft werden. Und deshalb ist die Angst – sie verlieren zu können – verständlich.

Zu A) 5.: Der Freiheitsdrang ist ein Urbedürfnis des Menschen. Freiheit, was ist das?

Wir wollen sehen, hören und sprechen, was wir möchten. Dennoch, Freiheit ist mehr, viel mehr.

Der Drang nach Freiheit fördert den Wunsch, eigene Erfahrungen zu sammeln. Wahre Freiheit verbietet das verbindliche Diktat – im Sinne überharter und erzwungener Verpflichtungen.

Doch wahre Freiheit ist selten geworden. Menschliche Grundrechte werden in aller Welt mehr oder weniger ignoriert. Zuschauer gibt es genug. Vielleicht gehören wir dazu und blinzeln ebenfalls über die Reihen der Betroffenen hinweg. Unser Ohr vernimmt Erklärungen wie: «Opfer müssen gebracht werden» oder ähnliches. Hauptsache, *wir* sind noch einmal davongekommen. Wie lange noch?

Bewahren Sie sich die Freiheit, geistig unbegrenzt agieren zu können. Bleiben Sie wachsam und durchdenken Sie jede allgemeine Proklamation. Genug Menschen versuchen, andere zu unterjochen. Prüfen Sie grundsätzlich und besonders genau jedes individuelle Gespräch auf die eigentliche Absicht.

Diese Grundangst, die Freiheit zu verlieren, ist berechtigt. Schätzen Sie Ihre Freiheit bewußter und helfen Sie mit, freiheitliche Grundrechte zu erhalten.

Zu A) 6.: Jeder Tag bringt uns dem Alter und dem Tod näher. Dies sollten jüngere Menschen nicht übersehen. Es stimmt schon, daß der Mensch ab dem Tag seiner Geburt zu sterben beginnt.

Jede Phase unseres Lebens setzt sich aus angenehmen und unangenehmen Erlebnissen zusammen. Der natürliche Ausgleich geschieht im Wandel der Geschehnisse.

Meinen wir es wirklich ernst, «noch einmal so richtig jung sein» zu wollen? Was wäre denn, könnten Sie noch einmal von vorne beginnen? Gewiß, einige Fehler würden vermieden werden. Aber ebenso sicher würden neue Fehler gemacht. Bekannte und neue Erfahrungen würden sich aufdrängen. Und irgendwann würde erneut der Wunsch geäußert werden, «wieder von vorne beginnen» zu dürfen.

Jedes Leben bietet seine Chancen. Jedes Leben fordert und bietet. Jedes Leben muß gelebt werden. Und wie Sie es leben, bestimmt Ihr Alter. Sie gestalten Ihre Lebenslandschaft.

Die Angst vor dem Alter ist eng verbunden mit der Angst vor Abhängigkeit. Teils begründet, zweifeln wir an der Hilfsbereitschaft und Zuverlässigkeit anderer. Wir fürchten die deprimierende Abhängigkeit. Bereiten Sie deshalb eigenverantwortlich Ihre Zukunft vor! Ihr Leben sollte rechtzeitig Impulse und resultativ einen interessanten Inhalt bekommen. Später werden Sie Gelegenheit finden, daran zu zehren.

Zu A) 7.: Wir beklagen den Tod unserer Mitmenschen, ohne sicher zu sein, ob der Tod beklagenswert ist. Uns fehlt die Transparenz zum nächsten Leben. Was ängstigt Menschen so, wenn sie an das Ende denken, da sie doch meistens stöhnen und jammern, wenn sie über ihr Leben sprechen! Besteht – nach ihren Aussagen – für sie das Leben nicht größtenteils aus einem Berg von Not, Elend und Sorgen?

Dennoch, jeder hängt an seinem Leben.

Angstvoll wird die Flucht in eine überlaute Lebendigkeit gewählt. Dennoch wissen wir, daß uns das Unbekannte einholen wird. Wann immer es will. Dieser Gedanke läßt Motive entstehen, in die Mühlen verschiedener Lehren einzutreten. Alle Vergleiche münden in der Gewißheit, daß jede Frage dazu einen hypothetischen Anstrich besitzt. Die Natur integriert uns Menschen in einen perfekten Kreislauf. Das sollte Sie animieren, über die Reinkarnationsthese nachzudenken. Weshalb sollte gerade der Mensch nicht diesem natürlichen Wechsel des Kommens und Gehens unterliegen? Das wird helfen, die Angst vor dem Tod zu überwinden.

Zweifel

Zu B): Im direkten Gegensatz zum Glauben steht der Zweifel. Wir unterscheiden zwei Grundarten von Zweifel:
1. Zweifel an Mitmenschen
2. Zweifel an sich selbst.

Zu B) 1.: Erlebte Enttäuschungen können zu grundsätzlichem Mißtrauen führen. Jedes Erlebnis wird mit vorhandenen Erfahrungen verglichen. Die meisten Erfahrungen beinhalten einen negativen

Aspekt. Das genügt, um uns in eine zweiflerische Erwartungshaltung gegenüber neuen Situationen zu drängen.

Nehmen Sie Ihre persönliche Einstellung als Wegbereiter zum Vertrauen. Dies sollte Ihre Waffe gegen allgemeine und vorschnelle Vorurteile sein.

Zu B) 2.: Ich-bezogene Zweifel leiten die Selbstaufgabe ein. Wie können Sie Vertrauen von anderen erwarten, wenn Ihr Selbstvertrauen hohl ist? Gehören Sie zu denen, die sich permanent in Unsicherheit wiegen? Verbinden Sie diese schädigende Haltung mit der gleichsinnigen Einstellung und Verhaltensweise Ihrer Umwelt? Versuchen Sie, einen sinnvollen Inhalt stabil zu umschließen. Ihr konsequentes Bemühen wird schädigende Selbstzweifel ausschalten.

Zu C): Der überwiegend größte Teil unserer auf die Zukunft fixierten Sorgen wird niemals Realität beziehungsweise ist nicht beeinflußbar oder kontrollierbar!

Lohnt sich tatsächlich diese Intensität, mit der wir uns täglich diesen unzähligen kleinen Sorgen widmen? Fast könnte man meinen, der Mensch wäre ohne seine unzähligen Sorgen nicht lebensfähig.

Sollten Sie unbedingt sich Sorgen machen wollen, wäre es berechtigt, sich mit der dritten Grundangst auseinanderzusetzen, die Sorge, krank zu werden. Ohne sich hypochondrisch – also überängstlich – zu verhalten, stellen sich zwei berechtigte und verknüpfte Sorgenfragen:

Bin ich gesund?

Werde ich krank?

Die eigenen Sorgen scheinen stets am größten zu sein. Sie scheinen besonders schwer zu wiegen. Bis man in die Lage kommt, wirkliches Elend zu entdecken. Die Sorge um die Gesundheit ist berechtigt. Aber sonst?

Problemverhalten

Wie verhalte ich mich in einer problematischen Situation richtig?

1. Ich muß frei niederschreiben, was mich bedrückt
2. Möglichkeiten und Umstände, die mir helfen könnten, notiere ich
3. *Welche* Menschen können mir *wie* helfen?
4. Kann ich durch erhaltene Hilfe auch rechtzeitig anderen helfen?

5. Wem schadet mein gegenwärtiges Verhalten?
6. Könnte ich mit der zu treffenden Mußentscheidung leben?
7. Ich muß die besten Möglichkeiten auswählen und konsequent ausschöpfen
8. In meiner Einstellung zu anderen muß ich korrekturbereit sein.

Zu 1.: Es kann sehr hilfreich sein, Sorgen niederzuschreiben. Ziel bleibt die Feststellung, ob und wie sehr eine Überbewertung vorliegt. Eine gründliche Analyse ist grundsätzlich notwendig. Schreiben Sie Ihre sorgenspezifischen Gedanken auf. Ohne lange zu grübeln. Schreiben Sie sich Ihren Kummer von der Seele. Durch die Aufarbeitung Ihrer Eindrücke werden Sie Erleichterung verspüren können.

Zu 2.: Welche Möglichkeiten und Umstände sprechen für eine Lösung Ihrer Probleme?
Tasten Sie sich zu den Ursprüngen Ihrer Sorgen vor. Nutzen Sie hilfeversprechende Möglichkeiten. Auch wenn sie auf Anhieb noch so aussichtslos erscheinen.
Welche Umstände könnten geeignet sein, die verkrampfte Situation zu entspannen? Die Antworten ergeben brauchbare Ansätze.

Zu 3.: Versuchen Sie, sich an Menschen zu erinnern, die ihre Hilfe nicht verweigern würden. Bevor Sie Anfragen formulieren, sollten Sie klare Vorstellungen über Art und Umfang jeder erwarteten Hilfe haben. Daß Sie bisher bestrebt waren, Freunde zu gewinnen, dürfte sich nun auszahlen.

Zu 4.: Ihre persönlichen Schwierigkeiten könnten sich in ihren möglichen destruktiven Härten auf Mitmenschen übertragen. Sie leben nicht alleine und sollten sich solcher Eventualitäten und der daraus entstehenden Verantwortung bewußt sein.
Kann die erwartete Hilfe auch Mitbetroffenen helfen? Sie dürfen nicht übersehen, daß sich andere – vielleicht durch Sie – ebenfalls im Strudel befinden und Hilfe benötigen. Zumal, wenn Sie der Verursacher ihrer Lage sein sollten. Gemeinsam schaffen Sie es besser!

Zu 5.: Vertrauen zur Zukunft und eine gesunde Selbsteinschätzung geben Kraft und helfen Ihnen zu bestehen. Strahlen Sie Stärke aus! Keine noch so prekäre Situation rechtfertigt übertrieben egoistische Züge.
Befinden Sie sich in einer Führungsrolle, sollten Sie sich keine unrea-

listische Betrachtungsweise und einseitige Meinungsfärbung erlauben. Dadurch würden Sie den Ernst einer Lage zusätzlich verschärfen. Vermeiden Sie unbedingt, andere zu schädigen.
Schädigendes Verhalten löst keine negative Situation.

Zu 6.: Die Frage, ob Sie mit einer zu treffenden oder bereits getroffenen Entscheidung leben können, ist grundsätzlich zu durchdenken. Zwar könnte es Ihnen streckenweise gelingen, Emotionen zu unterdrücken, Vernunftsansichten zu degradieren und Absichten einzustellen. Dies, um einer sich abzeichnenden Prolematik die Spitze zu nehmen. Doch was kommt danach? Was folgt diesen wahrscheinlich trügerischen Lösungsversuchen? Möglicherweise erzielen Sie nur eine scheinbare Ruhe. Diese gaukelt Ihnen nur vor, Sieger geblieben zu sein.
Prüfen Sie kritisch. Deckt sich ein Lösungsvorschlag mit vernunftbetonten Gesichtspunkten? Oder läßt Sie Ihr desolater Zustand nach allem greifen, was den Ablauf wenigstens vorübergehend beruhigen könnte? Handeln Sie nicht nach «egal wie!». Ihre Aktionen könnten instabil sein.
Gründe genug, anstehende Entscheidungen vielseitig zu durchdenken. Versuchen Sie abzuschätzen, ob die Entscheidungsfolgen von erträglicher und dauerhafter Qualität sein werden.

Zu 7.: Ihre gründlichen Überlegungen führen zu vielversprechenden und realisierbaren Lösungsmöglichkeiten. Erstellen Sie einen festen Zeitplan. Arbeiten Sie konsequent danach. Erst wenn Sie trotz Erfüllung dieses Zeitplans konkrete und positive Ergebnisse vermissen sollten, können neue Möglichkeiten in Anspruch genommen werden. Sie haben gelernt, flexibel zu sein?!
Ihre Konzentration sollte sich nun wiederum voll auf Ersatzmöglichkeiten richten. Die ergebnislos ausgeschöpften Vormöglichkeiten sind vorläufig nicht mehr zu beachten.

Zu 8.: Jede verfahrene Situation bietet genug Anlässe, nach der Schuldfrage zu forschen. Wichtigster Punkt dabei ist die Selbstbefragung. Haben Sie ein persönliches Fehlverhalten zu verantworten?
Jeder von uns trägt erheblich dazu bei, wie sich das Verhältnis zur Umwelt gestaltet. Wie sehen Sie die Menschen? Sind für Sie Menschen «Ausschußware» oder betrachten Sie sie als ein erstklassiges und unersetzliches Angebot?
Korrigieren Sie nötigenfalls Ihre Einstellung einer positiven Lebensphilosophie gemäß.

Das Durchhaltebekenntnis

Untersuchen Sie anstehende Problemsituationen in systematischer Reihenfolge. Um sie hernach geplant überwinden zu können. Pausieren Sie, falls notwendig. Doch geben Sie niemals auf!

Beanspruchen Sie folgendes Durchhaltebekenntnis:
1. Ich werde niemals aufgeben, solange ich glaube, recht zu handeln.
2. Ich bin überzeugt, daß sich Probleme lösen lassen, wenn ich Durchhaltevermögen einsetze.
3. Sollte ich tatsächlich im Begriff sein zu verlieren, werde ich Mut beweisen.
4. Niemand wird es schaffen, mich in meinen Bemühungen einzuschüchtern.
5. Ich bin gewillt, auch physische Rückschläge und Hindernisse zu überwinden.
6. Ich weiß, daß alle wirklich erfolgreichen Menschen Rückschläge zu verbuchen hatten – und sie überstanden. Dies wird auf mich ermunternd wirken.
7. Ich werde unablässig versuchen, jedes gesetzte Ziel zu erreichen.
8. Niemals werde ich kapitulieren und entmutigt sein. Egal wie groß sich das Hindernis auch darstellen sollte.

Wenn Sie überzeugt sind, richtig zu handeln, sollten Sie dieser Meinung treu bleiben und nicht vom Kurs abweichen. Allerdings müssen Sie ohne Zweifel von dem, was Sie tun, überzeugt sein.
Reagieren Sie nicht auf Versuche, die bezwecken, Sie umzustimmen. Die Motive solcher Umstimmungsversuche sind meist Neid, Mißgunst und andere niedrige Beweggründe. Nur Durchhaltevermögen kann Schwierigkeiten überwinden helfen.
Nicht immer werden Sie auf Anhieb gewinnen. Es liegt an Ihnen, wie Sie vermeintliche Rückschläge hinnehmen. Durch Verwertung Ihrer gesunden Selbsteinschätzung wird Ihr Mut wachsen. Dieser Aufbau wird Sie anweisen, Ihr Ziel unbeirrt weiter zu verfolgen.
Es ist oft bewiesen, daß ungeheuer motivierte und ausgeprägt zielbewußte Menschen es sich «nicht leisten», krank zu werden.
Ihre Einstellung dominiert auch in bezug auf die physische Verfassung. Psychosomatische Auswirkungen können vorsorglich durch stabile innere Ausgeglichenheit vermieden werden. Die psychisch-physische Verbundenheit beweist sich in jedem Leben.

Irrtümlicherweise wird gerne angenommen, daß sehr erfolgreiche und resultativ beneidenswerte Menschen von Einbußen und Rückschlägen verschont blieben oder bleiben.

Betrachten Sie Rückschläge als Zwischenprüfungen. Als eine Art Reifetest. Sie legen durch Ihr Verhalten Zeugnis darüber ab, ob Sie reif genug sind, ein Erfolgsmensch zu sein. Bei mangelnder Widerstandskraft muß Ihre Erfolgsveranlagung weiterhin ausgebildet werden.

Stellen Sie sich jeder Aufgabe. Aktionen schenken Erfahrungen! Ein Hindernis ist so leicht oder schwer, wie Sie es sehen! Bleiben Sie deshalb unerschrocken. Jede Ihrer Überwindungsbemühungen schwächt die Problematik.

Ich darf niemals aufgeben, wenn:
1. sich Abläufe entgegen einer erhofften Tendenz entwickeln,
2. ich finanziell am Ende bin,
3. Schulden drücken,
4. ich lächeln möchte, aber nur stöhnen kann,
5. mich Schwierigkeiten belasten.

Wehren Sie sich gegen unberechtigte Kritik. Jedes an Sie gerichtete kritische Wort ist ein untrügliches Zeichen dafür, daß Sie mehr als die Masse unternehmen oder ungewöhnlich handeln. Denn Sie fallen auf in der Sie umgebenden Gleichförmigkeit.

Denken Sie daran, daß dem Erfolg entsprechend Tribut gezahlt werden muß. Nur die besten Kandidaten werden gewinnen! Der Erfolgspokal verschenkt sich nicht. Verwerten Sie Ihre Kenntnisse. Sie werden es schaffen!

Der amerikanische Präsident Theodore Roosevelt meinte: «Ich habe nur ein Leben! Es lohnt sich – ohne Rücksicht darauf, was danach kommt – im Leben zu versuchen, Dinge zu tun und zu vollenden, und nicht nur eine ruhige, angenehme Zeit zu verbringen.»

MERKSATZ: Es gibt keine hoffnungslosen Situationen, sondern nur Menschen, die die Hoffnung in schwierigen Situationen verlieren!

Erfolgszeichen

Erfolgssilhouetten

Nicht immer gelingt es, die Silhouetten des Erfolgs richtig zu deuten. Zu verschwommen offenbaren sich Umrisse. Oft werden wir von Zeichen überrascht, weil wir einfach nicht auf sie gefaßt waren.

Eine Befragung würde ausdrücken, daß die wenigsten Menschen artikulieren können, was Erfolg ist. Darauf angesprochen, drängen sich ihnen zwei, drei Phrasen auf. Und es dauert nicht lange, bis auch diese Deutungen verworfen werden. Wir sind uns nicht sicher, was Erfolg eigentlich ist. Wie könnte er aussehen?

Im allgemeinen stellt sich unsere Gesellschaft unter Erfolg ein Pseudowohlergehen vor. Gewiß, gut zu leben, ist auch Erfolg. Dazu zählt gut zu essen und zu trinken. Oder sich hübsch kleiden zu können. Wir betrachten es als Erfolg, ein hübsch eingerichtetes Haus oder einen schönen Wagen zu besitzen. Wenn man bedenkt, «wie klein man angefangen hat», ist es zweifellos ein nennenswerter Erfolg, in beruflicher Position weitergekommen zu sein.

Solche Erfolge machen stolz. Stolz auf sich? Auf den Lebensstil? Auf die Familie? Auf Besitztümer? Stolz auf all die großen und kleinen Dinge, die wir uns erfüllen können? Was aber ist Erfolg wirklich? Wie sieht Ihr persönlicher Erfolg aus?

Solange Sie diese Frage nicht ohne zu zögern und unmißverständlich beantworten können, werden Sie nicht in der Lage sein, die Silhouetten Ihres persönlichen Erfolges zu erkennen. Ihnen fehlt die konkrete Vorstellung. Es gibt viele Möglichkeiten. Eine drückte ein griechischer Philosoph so aus: «Jedermann sucht nach einem Ziel: Erfolg. Der einzige Weg, wahren Erfolg zu haben, ist, wenn er sich in die Dienste seiner Mitmenschen stellt.» Sich zur Verfügung stellen! Darauf kommt es an.

Erfolgszeichen sind Bestätigungen für Ihr Durchhaltevermögen. Gleichzeitig sind Sie Vorboten künftigen Erfolgs. Viele Menschen sprechen von «Glück gehabt», obwohl es in Wahrheit um den erarbeiteten Erfolg ging. Glück ist ein Relationsbegriff – dem Normalgeschehen wird die Besonderheit gegenübergestellt. Jedes nicht unverzüglich erklärbare positive Geschehen wird undurchdacht für Glück gehalten. Die richtige Erklärung fehlt, weil die Gesamtentwicklung nicht mitverfolgt wurde. Der Begriff «Glück» in seiner unkontrollierbaren Auswirkung kann nicht mit der eigentlichen Erfolgsdarstellung zusammengebracht werden. Denn Erfolg ist bestimmbar, lenkbar und erreichbar!

Die Zeichen des Erfolgs ergeben den Lebensstil einer erfolgreichen Minderheit. Solche Menschen beeindrucken.

Erfolg ist oft nah, auch wenn er fern zu sein scheint. Zweifeln Sie Ihre Ziele nicht an. Ungeduld hilft nicht weiter. Denn Erfolg ist keine Autobahn! Erfolg ist ein steiniger Weg.

Beständige Sicherheit

Eine Definition für Mißerfolg wäre: eine Leistung so minderwertig zu vollbringen, daß jeder das schwache Ergebnis wertmäßig erkennen kann.

Sie selbst sind im Mißerfolg mit den Ergebnissen unzufrieden. Anlaß genug, Ihre Aktionsschritte zu überprüfen und gegebenenfalls zu reformieren. Lernen Sie aus dem Mißerfolg, und er wird zum Erfolg!

Gewöhnlich bringt man Erfolg mit Geld in Zusammenhang. Primär werden materielle Werte als Erfolge angesehen.

Merke: Geld verdienen ist gut, Geld behalten besser! Geldverdienen ist nicht unbedingt dem Erfolg gleichzusetzen. Geld zu verdienen, kann ein Resultat des Erfolges sein! Diese Auslegung sollte beachtet werden. Erfolg ist die Verwirklichung des Lebenszwecks – durch Erreichung der persönlichen Ziele! Erfolg bedeutet laufendes Wachstum, Entwicklung. Wegzugehen von dort, wo man sich befindet, um dorthin zu gehen, wohin man will.

Vergleichen Sie den Erfolg mit einer Reise. Doch für diese Reise gibt es keine endgültige Ankunftsstation! Dafür können Sie Ihr Reiseziel korrigieren. Durch die Zieländerung. Oder Sie können aussteigen aus dem Erfolgszug und sich ausruhen. Die Rast bietet Gelegenheit, das Ziel der Reise nochmals zu überdenken. Kein Ziel sollte als Endstation eingestuft werden. Eher als Zwischenstation. Und jede Pause sollte vorübergehend und Anlaß sein, das nächste Teilstück zu bestimmen. Die Weiterreise kann beginnen.

Kaufmännische Voraussetzungen

Nachfolgende Punkte sind zwar typisch unternehmerische Grund-
voraussetzungen, den Erfolg zu erhalten. Dennoch dürften sie einen
allgemein beachtenswerten Stellenwert besitzen.
1. Ausbildung
2. Mitarbeiter
3. Produkt

Zu 1.: Jede Aus- und Fortbildung stellt eine fundierte und vor allem
beanspruchbare Wissensbasis dar. Im Grunde findet ein Erfahrungs-
übertrag statt. Ein Lernprozeß läuft ab. Notwendige Voraussetzungen
für die Aufnahme sind Bereitschaft und beständiger Wille, sich fortzubilden.
Freilich ist es für Sie nicht möglich, alles Wissen und eben sämtliche
Erfahrungen dieser Welt aufzunehmen. Sie bestimmen durch Ihre
Wahl den Platz, den Sie einzunehmen gedenken. Wählen Sie kritisch
aus einem unerschöpflichen Angebot. Richtet sich Ihre Aufnahmebereitschaft auf wichtige und verwendbare Punkte? Besitzen Sie den
Ehrgeiz, eine höhere Position anzustreben? Oder könnte man Sie
auch künftig unter «ferner liefen» finden?
Ihre Wahl hat sich nach Ihren Fähigkeiten zu richten. Angewandte
Fähigkeiten formen sich aus der Stärke Ihres Selbstvertrauens.
Eigene Fortbildungsziele richten sich gerne nach bekannten und vor-
gelebten Beispielen. Diese Orientierung kann eine Chance, aber auch
ein Entwicklungshemmer sein. Für den Sohn eines Arztes ist es ein
eher selbstverständliches Fernziel, ebenfalls den Beruf des Vaters zu
ergreifen. Und der Sohn eines einfachen Arbeiters bewegt sich meist
ebenfalls auf der väterlichen Sozialstufe. Beide Söhne mögen die gleichen Fähigkeiten besitzen. Doch Vorurteil und eingefahrene Ent-
scheidungsschemata können nur schwerlich abgebaut werden.
Nichts rechtfertigt derartige, verharschte Denkungsweisen.
Versuchen Sie, Ihren Vorstellungen und Ambitionen gerecht zu werden!
Wie fest ist Ihr Vorsatz?
Das Leben ist der beste Ausbilder, aber auch der schonungsloseste.
Warten Sie nicht darauf, bis es bereit ist, zufälligerweise einige Geheimnisse preiszugeben. *Sie* sollten aktiv versuchen, dem Leben
möglichst viele Geheimnisse zu entreißen. Zusammengesetzte Erfahrungen ergeben gleichsam eine Landkarte, die es ermöglicht, sich

im Wirrwarr der Lebensstraßen zurechtzufinden. Diese «Karte» ermöglicht Ihnen eine sichere Zielbestimmung. Umleitungen sind darin nicht eingezeichnet. Überraschungen können eintreten. Doch Flexibilität ist ja eine Ihrer Eigenschaften.

Zu 2.: Sie benötigen Mitarbeiter. Vervielfältigen Sie sich!
Übertragen Sie Erfahrungen und Details Ihrer Hauptziele auf Mitmenschen, die bereit sind, mit Ihnen zusammenzuarbeiten. Achten Sie darauf, daß Ihre Überzeugung übernommen oder zumindest akzeptiert wird. Sie müssen über den Zweck Ihrer Aktivitäten aufklären. Nur mit Überzeugung werden delegierte Aufgaben zufriedenstellend erledigt. Übertragen Sie die Kraft Ihres Antriebes auf Mitarbeiter. Motivieren Sie!
Sich vervielfältigen bedeutet, den Erfolg zu teilen. Sie sollten nicht nur empfangen wollen, sondern auch geben. Diese Wechselwirkung darf nicht unterbrochen werden. Mitarbeiter sollten Gründe haben, Ihnen vertrauen zu können. So wird sich ein funktionierendes Team entwickeln. Gemeinsamkeit macht stark. Beanspruchen Sie und seien Sie bereit, beansprucht zu werden. So dürfte das richtige Verhältnis zum Gemeinsinn gefunden werden.
Betonen Sie beim Wort «Mitarbeiter» das «*Mit* ...». Gemeinsam Erfolg – durch Zusammenarbeit!

Zu 3.: Ohne Produkte wäre die wirtschaftliche Landschaft undenkbar. Der Kaufmann muß disponieren, prüfen, kontrollieren, kalkulieren, vermarkten, werben, verkaufen, nachfolgen und einiges mehr. Alles dreht sich um lebensnotwendige Produkte oder Luxusgüter. Der Vertrieb – also Einsatz – unzähliger Produktarten bestimmt den Wirtschaftsablauf. Immer muß die Nachfrage aus den Schichten Kaufwilliger seismographisch aufgenommen und als primär eingestuft werden.
Nicht jeder verkauft Produkte im üblichen Sinn. Aber jeder von uns ist Verkäufer. Jeder hat etwas anzubieten. So bieten Sie das komplizierteste «Produkt», das es gibt, an. Sich, als Person! Sie stellen ein Angebot dar.
Wie gut sind Sie? Sind Sie erste Qualität oder blieb Ihr effektiver Wert bisher unerkannt? Wie stark ist die Nachfrage nach Ihnen? Was glauben Sie: A) Wie schätzen Sie sich ein? B) Wie werden Sie von anderen eingeschätzt? C) Wie würden Sie gerne sein?
Ihre Einstellung und Ihr Auftritt sind Gütezeichen. Kostbarkeiten sind rar und deshalb beliebt! Ihre bemerkenswerte Persönlichkeits-

entfaltung heizt die Nachfrage nach Ihnen an. Ein attraktiver Mensch, der in praxi seine positive Einstellung zu beweisen versteht, ist eine Rarität – ein Juwel. Somit sind Sie begehrenswert geworden. Bestimmen Sie Ihren Preis!

Zuerst kommt die Leistung

In Ihrer Eigenschaft als erfolgreicher Mensch wirken Sie anziehend. Man wird versuchen, Sie zu gewinnen. Sie können stolz auf diese Reaktion sein. Doch hüten Sie sich vor übersteigerter Eitelkeit. Ihre Aktivitäten stellen im Gesamtablauf diverser Entwicklungen eine Bereicherung dar. Sie werden gebraucht.

Die Voraussetzungen, so zu werden, besitzen wir alle. Wir besitzen die Begabung, erfolgreich zu werden. Und gerade diese Begabung läßt jede Entschuldigung für Mißerfolg zur billigen Ausrede werden.

Es gibt viele Entschuldigungen – aber keinen guten Grund!

Ihre Bemühungen sollten mit den anspruchsvollsten Erwartungen konform gehen. Die Aufgaben und somit die Anforderungen werden anspruchsvoller. Bleiben Sie Ihrem Leistungsprinzip treu. Immer zählt: Arbeit wird vor den Erfolg gesetzt! Es ist nicht möglich, sich zuerst am Ofen zu wärmen und anschließend Holz hineinzuwerfen. Es ist ein alter und immer gültiger Realitätsgrundsatz, daß von nichts nichts kommen kann. Nullresultate mögen erkenntnisfördernd sein, aber Aufbausubstanzen gibt es bessere. Zuerst kommt die Leistung – überall und immer!

MERKSATZ: Erfolg hat der, der sich entscheidet, Erfolg zu haben!

Ergebnisse

Dieses Kapitel faßt die bisher behandelten Themen zusammen. Dennoch bringt es auch neue Erkenntnisse. Gleichzeitig eine Chance zur Überprüfung der persönlichen Reife – im Sinne dieses Werkes.

Erlebtes Wissen

Nach den bisherigen Aufzeigungen können wir folgenden Leitsatz voranstellen: *Wissen alleine ist nicht konstruktiv; Wissen muß erlebt werden!*

Der Erfolg verlangt nach der Verwirklichung der «Träume», Ideen und Ziele. Fähige Menschen versäumen oft, in Aktivitäten einzutreten. Die Realisierung von Gedanken wird vernachlässigt. Bestimmt der sogenannte Zufall den Erfolg mit? Manche Menschen überlegen nicht lange, wie etwas *nicht* geht. Sie beginnen einfach! Solche Aktivitäten mögen naivitätsnah scheinen. Und doch entsteht daraus ein Werk. Aber sollten wir nicht alles genauestens durchdenken, planen und ausrechnen, bevor wir etwas zu schaffen beginnen?
Dies bezweckt der Versuch, Risiken zu mindern, das Wagnis kalkulierbar zu gestalten. Am Ende zeigt sich, daß nicht jedes Risiko kalkulierbar war und sein kann. Genau diese Erkenntnisse bilden für viele Menschen willkommene Gründe aufzugeben. Und zwar vorzeitig aufzugeben. Solche «Alleswisser» ergehen sich in Ausschöpfung sämtlicher greifbaren Prüfungsmethoden. Sie wissen zuviel!
Diese Behauptung mag absurd klingen, trifft aber oft zu. Wie etwas *nicht* geht, können wir alle mehr oder weniger genau errechnen. Wir erkennen Gefahrenpunkte, mögliche Fehlerquellen, Schwachstellen und sämtliche Eventualitäten, die das Planspiel in Frage stellen könnten. Wir kennen persönliche Unzulänglichkeiten und Schwächen. Das alles sind einsetzbare Kenntnisse. Auf sie kann man sich

einstellen. Demnach finden sich gleichzeitig genügend andere Gründe, die den Erfolg einer Unternehmung mehr als fraglich werden lassen.

Vergleichsmäßig einfach handelt der unbekümmerte, der unwissende Laie. Unbeeindruckt und recht sorglos gebraucht er vorhandenes Werkzeug. Er bedenkt nicht die Schäden, die er damit anrichten könnte. Ihn plagen kaum Zweifel, und er akzeptiert selten Gegenargumente. Seiner Ansicht nach *muß* «die Sache» funktionieren. Er möchte nicht wissen – oder weiß nicht –, wie es *nicht* geht.

Viele erfolgreiche Personen handelten so und verabscheuen es nach wie vor, die Ratschläge sogenannter Experten einzuholen. «Sie kosten nur viel Geld und verunsichern mich.»

Aus dieser Ansicht spricht eine gesunde Selbsteinschätzung. Und gesunde Selbsteinschätzung ist nicht naiv. Eher naiv sind jene Menschen, die ebenso grundsätzlich zwei Drittel ihrer Zeit investieren, um herauszufinden, welche Überlegungen noch Berücksichtigung finden sollten. Irgendwann glauben sie, die Sinnlosigkeit ihrer geplanten Bemühungen zu erkennen – und legen resigniert den Bleistift weg.

Hätte man sich von jeher auf Berechnungen verlassen, die ausdrükken, wie etwas nicht geht, wäre es traurig um den Fortschritt der Menschheit bestellt gewesen. Würde beispielsweise der Entdecker Amerikas, Kolumbus, der damaligen Realitätsvorstellung entsprochen haben, hätte er niemals den Versuch wagen dürfen, die Erde zu umsegeln. Mathematischen Aussagen nach mußte er damit rechnen, mit seinem Schiff über den Rand der Erdscheibe zu segeln. Man wußte noch nicht um die Kugelform unserer Erde.

Wären alle deklarierten Meinungen unserer Vorväter als feststehend akzeptiert worden, hätte niemals ein Mensch unseres Zeitalters den Mond betreten. Es ist gut, daß es immer wieder Menschen gab und wohl geben wird, die von der Realisierung solcher «Unmöglichkeiten» träumten und auch künftig utopisch anmutende Versuche starten werden.

Je mehr Sie erwarten, desto mehr sollten Sie einzusetzen bereit sein. Wenig und wenig ergibt mehr. Doch viel ergibt nicht weniger. Lernen Sie deshalb ständig hinzu. Arbeiten Sie an sich in lückenloser Kontinuität. Da Sie über Lösungsvorschläge verfügen, können Sie Lebensprüfungen bestehen.

Reflexionen

Zweifel, Neid und Unwissenheit sind negative Begleiter. Versuchen Sie, auf sie einzuwirken und sie zu dämpfen. Sie besitzen Rezepte, solche «Krankheitskeime» auszumerzen.

Wie rasch Sie Ergebnisse vorweisen können, hängt von Ihrer Kreativität und der fundamentierten Erfahrung ab. Es gibt sie, die Erfolgsrezepte. Gebrauchen Sie sie – wie die folgenden vier Verhaltensregeln, die salopp auf vorteilhafte Eigenschaften hinweisen.

Sie sollten besitzen:
1. Die Furchtlosigkeit eines Ritters
2. Die Bedächtigkeit eines Landmannes
3. Die Gelassenheit eines Mönches
4. Die Heiterkeit eines Spielers.

Setzen Sie sich ein. Das ist die erste Voraussetzung, erfolgreich zu werden. Investierte Ausdauer zahlt sich aus. Was ist Ihnen lieber: Erfolg durch Ausdauer oder Mißerfolg durch lethargisches Benehmen?!

Trägheit und Teilnahmslosigkeit schieben den Erfolg weit weg. Ihre bereitwilligen Anstrengungen, Ziele zu erreichen, schaffen die positive Reflexion. Das ist ein unabänderliches Gesetz. Sie können doppelt erhalten, was Sie investieren.

Unterliegen Sie nicht dem großen Irrtum, der Erfolg wäre auf der Suche nach Ihnen. *Sie* müssen ihn suchen.

Kauern Sie nicht in der trügerischen Hoffnung vor Erfolgstüren nieder, sie würden ohne besondere Anfrage geöffnet werden. Viele Türen werden geöffnet. Wenn Sie es nicht nur still wünschen, sondern deutlich verlangen! Gebrauchen Sie die Sprache. Suchen Sie Antworten auf Fragen, die Sie nicht verstehen. Der Rat anderer sollte Ihnen kostbar sein.

Einstellungsüberprüfung

Prüfen Sie Ihre persönliche Einstellung:
1. Ihre Einstellung am Anfang einer zu lösenden Aufgabe ist für ein erfolgreiches Resultat richtungweisend!
Wie sind Sie programmiert?

2. Ihre Einstellung zum Leben bestimmt, wie das Leben zu Ihnen eingestellt sein wird!

Dieser Vorgang findet in einer lebensbreiten Interaktion seine Be-
gründung. Demnach formulieren Sie das «feedback» aus künftigen
Geschehnissen.

3. Zuerst müssen Sie von der Einstellung her das sein, was Sie beabsichtigen darzustellen!

Es wäre ein entwicklungsbremsendes Manko, sich erst *nach* Erreichung einer Position entsprechend zu verhalten. Setzen Sie sich im
voraus mit sämtlichen Vor- und Nachteilen der angestrebten wirt-
schaftlichen, privaten oder gesellschaftlichen Stellung auseinander.
Ihre Vorstellungen ergeben die Grundeinstellung. Die wiederum diktiert wie ein Regisseur Ihr weiteres spezifisches Verhalten.
Sie erziehen sich Eigenschaften an, wie man sie von einem Erfolgsmenschen erwarten darf. Ihre Anpassungsfähigkeit und Sicherheit –
Ihr offenbar «schneller Einstieg» führen zur Akzeptanz oder Bewunderung Ihrer Person. Justieren Sie Ihre Einstellung derartig, daß ein
morgen erforderliches Denkschema heute schon für Sie zur Selbstverständlichkeit wird. Heute leben, mit der Zukunft vertraut sein. Bilden Sie Ihre Aufgeschlossenheit aus.

4. Je bedeutender Ihre Position, desto häufiger bieten sich Möglichkeiten an, Ihre positive Einstellung auf andere zu übertragen.

Es kann nicht verkehrt sein, positiv Einfluß auf Menschen zu nehmen. Zumal, wenn sich diese in Ihrem Verantwortungsbereich befinden. Beachten Sie genau die Grenzen zwischen Ratschlag (Empfeh-
lung) und fester Order (Anordnung). Führen Sie sich beispielhaft auf.
Seien Sie nie «Boss», sondern kollegialer Vorgesetzter. Nie ein krie-
chender «Jasager», sondern ein qualifizierter Könner.
Irgendwann kommt man nicht mehr umhin, sich mit Ihrer Einstellung auseinanderzusetzen. Das Interesse aufnahmebereiter Personen
wird geweckt. Sie werden als Vorbild angesehen.
Wir alle können auf Grund unserer Positionen bestimmte Einflußbereiche abstecken. Zwischenmenschliche Beziehungen zu verbessern,
ist eine zwar schwierige, aber letztendlich dankbare Aufgabe.

5. Da Sie nur einen Gedanken zur Zeit aufnehmen können, sollte dieser Gedanke positiven Ursprungs sein!

Negativ oder positiv eingestellt zu sein, kostet gleichviel Energie!
Lernen Sie, Ihren Geist zu beherrschen. Positiv zu denken, mag mehr

Konzentration erfordern. Da wir es eventuell weniger gewöhnt sind. Doch es lohnt.

6. Jeder Mensch möchte das Gefühl haben, gebraucht zu werden!
Jeder Mensch freut sich über Anerkennung. Sie schenkt ihm das Gefühl, gebraucht zu werden – wichtig zu sein. Das Selbstwertgefühl wird gespeist. Einander begegnend, gestalten wir neben dem eigenen das Leben anderer mit. Wir sind alle miteinander verflochten. Sich zur Verfügung stellen und andere beanspruchen sind Abläufe, die für die Erfüllung von Grundaufgaben unserer Gesellschaft nötig sind. Nicht mehr und nicht weniger.

7. Brauchbare Ideen untermauern Ihre gute Einstellung!
Eine positive Einstellung bedarf der ständigen Fürsorge. Ohne diese «Wartung» würde sie zusammenbrechen. Der Einsatz brauchbarer Ideen stärkt wiederum Ihre Einstellung und führt am effektivsten zu brauchbaren Ergebnissen. Dies zwingt zur selektiven Behandlung des Angebots. Prüfen, entscheiden und handeln Sie.

8. Die Übertragung persönlicher Probleme auf andere hilft Ihnen wenig!
Die Problematik mancher Situationen auf Mitmenschen abzuwälzen, lohnt nicht den Versuch. Zumal es Menschen gibt, die freiwillig und wenigstens streckenweise bereit sind, Ihre Lasten mitzutragen. Eine Reihe von Belastungen und Prüfungen müssen *Sie* durchstehen. Wie sonst sollte sich Ihr Erfahrungspotential entwickeln können?

9. Ihre positive Einstellung sollte erkennbar sein!
Vertreten Sie deutlich Ihren Standpunkt. Zeigen Sie, daß Sie danach leben. Sie haben Vorteile zu bieten, und diese Vorteile sollten erkennbar sein. Naturgemäß trauen Menschen mehr dem, was sie sehen, hören, riechen oder fühlen können. Die Vermutung alleine bleibt eine unsichere Vorstellung. Sie bieten die Vergleichsmöglichkeit an. Eine fördernde Einstellung, die durch Umsetzung erkennbar wird. Der Wert dessen, was Sie anzubieten haben, wird sich mitteilen. Es lohnt sich, Mut zu zeigen. Sie können das beste Beispiel dafür sein.

10. Behandeln Sie jeden Menschen so, als wäre er der wichtigste Mensch für Sie!
Jeder Mensch liefert individuelle Beurteilungen. Sie sind sachlich und unsachlich oder emotionalen Charakters. Jeder forciert seine Mei-

nung zum würdigen Wertmesser allgemeiner Ansichten. Dabei färben Erfahrungen, Ansichten, Erkenntnisse, Fehler, Vorurteile, Korrekturen, Suggestionen, Wahrheiten, Lügen, Tatsachen, Konstruktionen, bewußte oder unbewußte Verfälschungen, Unterstellungen, Ungereimtheiten.

Hypothesen, Dichtungen, Irrtümer, Philosophien, Anschauungen, Überlieferungen, Selbstbelügungen, Beeinflussungen, Täuschungen, Fähigkeiten und Unfähigkeiten, Emotionen, Ambitionen – und vieles mehr – individuelle Meinungen. Jeder behandelt seine Mitmenschen nach einer selbstgeeichten Beurteilungsskala. Meinungskorrekturen sind unpopulär.

Jeder Mensch ist der wichtigste Mensch!

Dieser Grundsatz ist ein brauchbarer Lebensbegleiter. Jeder Mensch ist mit seinem Charakter ein individuelles Wesen mit allen Vor- und Nachteilen seiner Person. Der Mensch sucht die Gemeinschaft! Aber die Stärke der Gemeinschaft bietet sich nur dem als unschätzbare Hilfe an, der die Bereitschaft zur Ergänzung besitzt. Sie können sich durch Achtung vor anderen und der Bereitschaft zur Wertschätzung auszeichnen. Vermeiden Sie, in Ihre Kriterien absolute Ausnahmen aufzunehmen. Dadurch würde ein neuerliches Einteilungsschema geboren. Und mit dieser Klassifizierung würden Sie in den Versuch eintreten, Minderwertigkeit zuzuschreiben.

Positives Denken führt zum Erfolg

1. Glauben Sie daran, daß Ihre Gedanken realisierbar sind!
2. Steigern Sie Ihre Ziele. Erziehen Sie sich, in diverse Richtungen zu denken!
3. Verbannen Sie Barrieren aus Ihren Gedanken!
4. Sparen Sie einen Teil Ihres Einkommens.

Zu 1.: Nicht jeder Gedanke scheint auf Anhieb in den relativ engen Rahmen einer selbstabgesteckten Realitätsvorstellung zu passen. Bezeichnen Sie ihn jedoch als zukunftslos, bezweifeln Sie bereits auch die Verwirklichungsrendite. Sie verbannen den Gedanken zu vorangegangenen «Traumgedanken», denen Sie vorab das Prädikat «undurchführbar» gaben.

Wer weiß, vielleicht hätte Sie einer der Basisgedanken durch Ausführung zu Reichtum und Unabhängigkeit geführt?!

Hören Sie auf, Chancen zu verpassen. Hauchen Sie jedem drängenden Gedanken Leben ein. Gehen Sie davon aus, daß er es wert sein könnte, zur umfangreichen Idee ausgebaut zu werden.

Zu 2.: Stillstand ist der Anfang vom Ende. Ein erreichtes Ziel sollte nicht Motiv sein, sich über Gebühr auszuruhen.
Nicht immer ist der direkte Weg der kürzeste. Denken und handeln Sie deshalb flexibel. Befreien Sie sich von Restbeständen überholter Vorstellungen. Sie könnten in eine fragwürdige Richtung dirigiert werden.

Zu 3.: Zweiflerische Gedanken sollten Sie nicht aufhalten und schokken. Dann können sich keine hemmenden Fragen formulieren. Verbannen Sie Negationen mit ihren abratenden Eigenschaften. Können Sie dennoch in Sie einbrechen, werden Ihre Zielvorstellungen leicht zur Farce.

Zu 4.: Einen Teil des Einkommens sparen? Sie mögen über diesen Rat lächeln. Bis Sie in die Situation gekommen sind, von Rücklagen abhängig zu sein! Vielleicht läßt Sie das verführerische Hochgefühl des permanenten Erfolgserlebnisses vergessen, Rücklagen zu bilden? Dadurch würden sich Mängel an Selbstkontrolle und Voraussicht – also Unreife beweisen. Entsinnen Sie sich:
Geld verdienen ist gut – Geld behalten besser!
Sie besitzen Ihren Verstand, um ihn zu gebrauchen. Ideen sind Signale, ihn konzipierend einzusetzen. Der Mut zur Gestaltung und Verwirklichung ist nicht alles. Kalkulieren Sie ein, daß Sie versagen könnten. Erfolg kennt keine Schrecken. Der Erfolg kennt nur Erfahrungen!
Besonderen Mut erfordert nur der erste Schritt – die Überwindung. Es gehört Mut dazu, diesen sogenannten «inneren Widerstand» zu überwinden. Es gehört also Mut dazu, mit destruktiven Gewohnheiten zu brechen, sich dagegen aufzulehnen.
Aufmerksamkeit und Interesse regen zur Frage an, *wo* Sie etwas ändern und verbessern können. Jede Antwort darauf ist als Impuls zu verstehen, Initiative einzusetzen.
Der Mensch, der durchdachte Entscheidungen trifft und in die Tat umsetzt, wird zum Gewinner!

17 Erfolgsrezepte

1. Eignen Sie sich eine positive Geisteshaltung an
2. Bewahren Sie Zielstrebigkeit
3. Scheuen Sie keinen Einsatz
4. Denken Sie logisch
5. Trainieren Sie Selbstdisziplin
6. Versuchen Sie überlegenen Verstand zu beweisen
7. Wenden Sie die Kraft des Glaubens an
8. Seien Sie von angenehmem Wesen
9. Zeigen Sie persönliche Initiative
10. Immer begeistert sein
11. Konzentrierte Aufmerksamkeit ist erforderlich
12. Zeigen Sie Bereitwilligkeit zur Zusammenarbeit
13. Beweisen Sie schöpferische Phantasie
14. Eine genaue Einteilung von Zeit und Geld ist wichtig
15. Bauen Sie den festen Willen auf, aus Fehlschlägen zu lernen
16. Halten Sie Geist und Körper fit
17. Ihr Beharrungsvermögen gewährleistet den stabilen Kreislauf Ihres Lebens.

Diese Erfolgsrezepte fußen auf einer aufbauenden Philosophie. Bei allen Versuchen darf sich Ihr inneres Wesen nicht verhärten! Und bei allen Bemühungen sollten Sie das Wohl Ihrer Mitmenschen nicht aus den Augen verlieren. Ihr vorbildliches Verhalten zeigt sich in Führungseigenschaften auf, die nicht übersehen werden können. Beobachter werden versuchen, Sie zu gewinnen.

Nur solche Fehlschläge, die Sie nicht animieren hinzuzulernen, sind effektive Fehlschläge. Das ganze Leben ist ein einziger Lehrgang, unterbrochen von Prüfungen, die Sie mehr oder weniger gut bestehen.

Jede Resignation ist Selbstaufgabe. Unausgefülltheit ist als Vorwarnung zu verstehen. Ihre Phantasie animiert Sie, aus einer bislang engeren Gedankenwelt auszubrechen. Die anspruchsvolle und verwirrende Welt der Tatsachen ist es, die eine erfolgreiche Einteilung von Zeit und Geld erfordert. Agieren Sie nicht nach persönlichen Vorstellungen gegen eingespielte Systeme. Das kann mißlingen. Erfolgversprechender ist es, sich in ein reformbedürftiges System einzuleben und von innen heraus zu wirken! Das versetzt Sie in die Lage, eine Verbesserung der allgemeinen Bedingungen zu erreichen. Damit helfen Sie der eigenen Person.

Sie sollten stets:
1. *Denken* mit größter Klarheit
2. *Planen* mit größter Voraussicht
3. *Handeln* mit größter Energie.

Regeln für das Leben

Es lohnt sich für Sie, folgende Lebensregeln einzuhalten:
 1. Genügsamkeit
 2. Ruhe
 3. Planung
 4. Durchstehvermögen
 5. Sparsamkeit
 6. Eifer
 7. Gerechtigkeit
 8. Ehrlichkeit
 9. Güte
10. Selbsterhaltung

Die Jagd nach Geld und Gut, Ansehen und Sicherheit treibt und hetzt erbarmungslos. Diese krasse und permanente Beanspruchung hat zersetzende Auswirkungen. Der Mensch wird gereizt und verändert sein Verhalten.

Vermeiden Sie sinnlose Aufregungen. Prüfen Sie Ihr Verhalten. Suchen Sie Kompensationsmöglichkeiten. Autogenes Training bietet sich an. Sie können Unausgeglichenheit nur unter Aufbietung Ihrer gesamten Willenskraft – gestützt auf den aktuellen Stand Ihrer Selbstdisziplin – eliminieren oder wenigstens reduzieren. Konzentrative Selbstentspannung ist unbestritten ein guter Ausgleich.

Ihr Leben ist nicht unendlich. Es verlangt deshalb eine sorgfältige Einteilung. Planen Sie! Die Einhaltung Ihrer Planpunkte garantiert einen geregelten Ablauf Ihrer Vorstellungen und Vorsätze. Zeit ist nicht aufzuholen – und die unverdient verbrachte Pause schon gar nicht. Ihr Durchstehvermögen trägt Sie Stück für Stück Ihrem Ziel entgegen. Halten Sie durch!

«Spare in der Zeit, dann hast Du in der Not.» Finanzieller Erfolg muß Sparsamkeit nicht ausschließen. Der richtige Zeitpunkt zu sparen wird oft verpaßt. Verschwendungssucht führt zur Überfütterung. Das kann Sie schnellstens ruinieren. Leben Sie gut, doch leben Sie

Ihrem Einkommen gemäß. Legen Sie den Überschuß vorsorglich an. Seien Sie gut zu sich selbst. Nichts anderes ist mit Selbsterhaltungstrieb gemeint.

Vermeiden Sie Risiken und leichtfertige Versuche. Leichtsinn beweist nur persönliche Unreife. Fragen Sie sich, ob Sie risikofreudig sind und wie weit Sie gehen können.

Achten Sie auf Ihre Gesundheit? Diese und weitere Fragen ergeben sich aus der Selbstbeobachtung. Sie sollten im Sinne eines natürlichen Selbsterhaltungstriebes beantwortet werden können. Gefährden und schwächen Sie sich nicht unnötig. Vermeiden Sie extreme und selbstschwächende Schritte.

Die grundsätzliche Individualität gibt jedem Menschen den eigenen Wert. Jeder Mensch ist eine Währung für sich!

Wie stabil sind Sie als «Währung»? Ziehen Sie Vergleiche!

Zeit, Geld, Ideen

Sie erwarten ein erfülltes und zufriedenstellendes Leben? Was sind Sie bereit beizusteuern? Prüfen Sie:

1. Arbeit
2. Zeit
3. Geld
4. Glaube

Empfinden Sie Arbeit als Belastung?

Die meisten Menschen sind mit ihren Beschäftigungen, denen sie den größten Teil ihres Lebens nachgehen, unglücklich!

Suchen Sie sich fordernde und ausfüllende Aufgaben. Sie sollten wieder Spaß an Ihrem «Job» finden. So können Sie die Motivation in sich spüren und werden bereitwillig mehr leisten.

Gestörte zwischenmenschliche Beziehungen sind wesentlich auf ungeliebte Arbeiten zurückzuführen, die Menschen verrichten. Denn Unzufriedenheit über berufliche Abläufe krönt den täglichen Ärger. Dadurch werden die meisten Menschen aggressiv. Und Gefühle lösen Handlungen aus – Handlungen lösen Gefühle aus!

Wissen allein ist Theorie. Aber Theorie muß nicht unlebendig sein. Sie kann ansprechend oder gar Motiv werden zu agieren. Doch aufleben kann Theorie nur durch die Praxis. Theorie ist deshalb nicht imstande, sich aus eigener Kraft zur faßbaren Wirklichkeit zu entwik-

«Legen Sie den Überschuß ...

… vorsorglich an.» Unter den Bausteinen für ein erfülltes Leben stellt dieser Ratschlag gewiß ein wichtiges Element auf dem Weg zum Erfolg dar.

Um diesen Ratschlag in die Tat umsetzen zu können, braucht man nur noch ein paar Informationen darüber, wo das ersparte Geld möglichst sicher und ertragreich angelegt werden kann …

Pfandbrief und Kommunalobligation

Meistgekaufte deutsche Wertpapiere - hoher Zinsertrag - bei allen Banken und Sparkassen

Verbriefte Sicherheit

keln. Erst die Realisierung durch Sie bestätigt oder bestreitet den Geist einer Theorie.

Vergessen Sie nicht, wie schnell Zeit verstreichen kann. Denken Sie darüber nach, wie leichtsinnig Sie manchmal mit Ihrer Zeit umgehen! Im allgemeinen betrachtet man gedankenlos die Zeiger der Uhren. Dabei übersieht man die entscheidende Bedeutung. Die Zeiger nehmen die Zeit mit sich! Unübersehbar verrinnt die Lebenszeit. Unwiederbringlich!

Läßt Sie diese Tatsache nicht unverzüglich aufspringen, um längst fällige und dringliche Aufgaben zu erledigen?

Niemand kann sich erlauben, Zeit zu verschwenden. Denn niemand besitzt genug davon.

Für den Erfolgsmenschen erübrigt sich die Frage, wohin seine Zeit gekommen ist. Er hat Ergebnisse vorzuweisen. Er kann gleich einer Buchführung nachweisen, was aus seinen Zeitinvestitionen resultierte und resultieren wird.

Prüfen Sie Ihren Zeiteinsatz. Stellen Sie sich die Frage, welche Ihrer Zeiteinheiten produktiv, unproduktiv, notwendig unproduktiv oder schlicht verschenkt sind.

Um Ziele zu erreichen, sind manchmal finanzielle Investitionen notwendig. Beachten Sie, *wer* Ihnen Angebote macht. In was oder in welche Menschen planen Sie zu investieren?

«Zerpflücken» Sie jedes Angebot. Woraus würde der plakatierte Gewinn resultieren? Vielleicht aus der Produktionsleistung einer Maschine?

Oder bauen Sie auf den Wertzuwachs eines Realwertes?

Wie hoch sind die Kapitalverzinsungen?

In was würden Sie beruhigt investieren?

Investieren Sie vielleicht in die Leistungsfähigkeit von Menschen?

Glauben Sie an deren Leistungswillen oder Leistungssysteme?

Investieren Sie in etwas, was wichtiger ist als alles andere: in sich selbst! Investieren Sie in Ihre Bildung, in Ihr Aussehen, in Dinge, die Ihnen helfen weiterzukommen. Dies alles dient dem Zweck, besser zu leben.

Überschätzen Sie dabei nicht das Geld. Was ist Geld? Geld ist gleich Zeit, multipliziert mit Effektivität!

Erfolg verlangt einen geschulten Verstand. Unterziehen Sie sich einer zielbezogenen Geistesschulung. Zum Beispiel:

Notieren Sie einen Monat lang *täglich* zwanzig Ideen!

Um diese Aufgabe zu erleichtern und Erfahrungen mit einbeziehen zu können, sollten Ihre Ideen Verbesserungsvorschläge darstellen. Verbesserungsvorschläge aus Ihrem Arbeitsbereich. Beginnen Sie, Kleinigkeiten aufzuschreiben. Solche, die schon länger Anlaß bilden, darüber nachzudenken.

Also: Was aus Ihrem Arbeitsbereich wäre verbesserungswürdig? Stimmt die Gesamtkonzeption? Wie könnte die Organisation effektvoller eingesetzt werden? Beantworten Sie diese und weitere im Zusammenhang stehende Fragen.

Täglich zwanzig Ideen!

Davon könnte eine einzige Idee bisherige Realitätsvorstellungen aufweichen. Als Zusatznutzen Ihrer Gedankenübungen ergibt sich eine Erweiterung Ihres Denkpotentials, dessen Nutzbarkeit Ihnen bislang nur bedingt klar war.

Sie werden weitere Ideen produzieren und dadurch Ihr Selbstbewußtsein stärken. Brauchbare Ideen sind gute Chancen, erfolgreich zu werden. Der Glaube an sich selbst, die Begeisterung für das Ziel und unablässige Anstrengungen, es zu erreichen, werden Sie unausweichlich zum Erfolg führen. Freuen Sie sich darauf!

Glaube, Begeisterung und Anwendung ist Erfolg!

MERKSATZ: Ehrlichkeit ist im Leben nicht der beste, sondern der einzige Weg!

Der erste Tag

Befolgen Sie die Erfolgsrezepte, und Ihrer Persönlichkeitsentfaltung steht nichts mehr im Wege. Beginnen Sie gleich! Dann ist heute der erste Tag vom Rest Ihres Lebens!

Insgesamt gesehen stellen die dreizehn Bausteine den Versuch dar, allgemeine Erfahrungswerte weiterzugeben. Dabei ergeben die genannten Themen eine Einheit!

Würden Sie einen «BAUSTEIN» für den allein wichtigen halten, wäre das so grotesk, als würde ein Architekt – vor einem dreizehnstöckigen Hochhaus stehend – feststellen: «Der fünfte Stock gefällt mir besonders gut. Den nehme ich heraus und stelle ihn mir in den Garten!»

Sie sollten in der Ausführung der Lehren niemals den Ergänzungsgedanken vernachlässigen oder übersehen. Folgen Sie den fließenden Richtlinien zum Erfolg! Sagen Sie nicht: «Heute habe ich Durchhaltevermögen, morgen werde ich mich in Selbstdisziplin üben, übermorgen erkenne ich meinen Lebenszweck usw.» Der ausgewogene Einsatz *auf allen Ebenen* wird helfen, Ihr Leben sinnvoller und eben erfolgreicher zu gestalten. Es liegt allein an Ihnen!

Die Umgewöhnung

Ihr Entschluß, nach den Erfolgsgesetzen zu leben, läßt Sie das pulsierende Leben nunmehr aus einer anderen Perspektive betrachten. Dabei werden Sie feststellen, daß nur wenige Menschen ihre Wege konkret auf den Erfolg ausrichten. Sie fallen deshalb auf und fühlen sich entsprechend beobachtet. Ihr ungewöhnliches Verhalten ist ausgeglichener, freundlicher und selbstsicherer. Dies wird man eher mißbilligend registrieren. Ihr bisheriges Verhalten war man gewöhnt. Ihr jetziges Verhalten ist fremd. Argwöhnisch beobachtet man Sie und rätselt. Der Umgewöhnungsprozeß offenbart sich!
Erschrecken Sie nicht, wenn man plötzlich beginnt, auf Sie loszugehen. Denn einige Ihrer Kritiker haben genug davon, über Sie nachzudenken. Sie gehen zum Angriff über. Ziel ist die «Wiedergleichmachung». Man will Sie auf die «normale» Basis zurückholen.
Bleiben Sie ruhig und gefaßt. Eigentlich können Sie ein wenig stolz sein: Sie heben sich bereits von Ihrer Umgebung ab.

Spott

Menschliche Reaktionen auf ungewöhnliche Vorgänge teilen sich in drei Phasen ein. Dabei ist es unwesentlich, ob es sich um private, allgemeine, geschäftliche oder religiöse Abläufe handelt.
Drei reaktive Phasen:
1. Die Spottphase
2. Die Kritikphase
3. Die Anerkennungsphase.

Diese drei Phasen werden Sie durchleben müssen.
Die Spottphase kann schmerzhaft sein. Doch nur, wenn Sie sie als ver-

letzend emfpinden! «Was denn, ausgerechnet du willst erfolgreich werden? Daß ich nicht lache. Unmöglich!»

Oft sind es die Mitglieder der eigenen Familie, die so gar nicht glauben können, daß einer aus ihren Reihen «so aus der Art geschlagen» ist. Sie werden als «Spinner» eingestuft und angegriffen: «Dein Großvater, dein Vater, alle waren fleißig und stammen aus vernünftigen Verhältnissen. Jeder verrichtete seine Arbeit ohne Gemurre. Alle waren zufrieden. Du solltest auch ‹auf dem Boden› bleiben und bescheiden sein!»

Sie werden als schwarzes Schaf der Familie angesehen. Man kann nicht begreifen, daß Sie – wahrscheinlich als einziger der Familie – versuchen, das Leben optimal zu führen. Ihre weiterhin ruhige Verhaltensweise wird die Kritiker weiter erhitzen. Die Vorwürfe werden zunehmend verletzender formuliert. Der Spott wird beißender.

Stärken Sie Ihre positive Einstellung und bleiben Sie stark. Dadurch blüht freilich die Absurdität menschlichen Fehlverhaltens. Man wird sich provoziert fühlen und in einer Überreaktion dies als Grund dafür einsetzen, sich weiterhin auf Sie einzuschießen.

Die zweite Phase beginnt

In der zweiten Kritikphase begnügen sich Ihre Gegner nicht mehr damit, auf Ihr ausgeglichenes Verhalten mit Spott zu reagieren. Der Spott geht nun in harte Kritik über. Diese Phase muß unbedingt durchgestanden, überwunden werden! Denken Sie daran, daß Nörgler und Kritiker nichts zu verschenken haben. Die Motive, Sie zu kritisieren, sind stets die gleichen: Neid und Zorn. Geboren aus einem Gefühl der Machtlosigkeit: «Der ist doch auch nicht besser als wir?!» Zweifelnd streut man Verleumdungen aus.

Sie lassen sich nicht beirren. Dadurch liefern Sie den Beweis Ihrer Überzeugung, bisher richtig gehandelt zu haben.

Kritik ermüdet – die *Kritiker!* Ihr Geschrei wird leiser, Angriffe verlieren an Härte, bis endlich Ruhe eintritt. Die Dauer dieser Phase ist unbestimmt. Kritik kann jederzeit wieder aufflammen. Genug Ereiferer stören sich nach wie vor an Ihrer Gelassenheit. Sie spüren die Kluft zwischen ihresgleichen und Ihnen, denn sie wird zunehmend deutlicher.

Erstaunlich, was danach eintritt: Anerkennung!

Die dritte Phase

Sie setzten sich durch. Nun können Sie beginnen, ungestörter und zielkonzentrierter zu arbeiten. Die erste Hauptprüfung ist bestanden. Dennoch kann der «Friede» trügerisch sein. Jederzeit können die erstgenannten Phasen wieder wirkungsvoll werden.

Vorläufig aber akzeptiert man Sie und denkt über Sie nach. Schließlich reiht man Sie in das Puzzle der üblichen Alltäglichkeiten ein. Ihre neue Identität konnte sich festigen. Diese ungewollte Einfügung in ein Klischee ist im Grunde grotesk. Denn bald werden Sie es wiederum sprengen. Denn Sie bleiben nicht stehen. Neuer Gesprächsstoff wird geboten. Schade, daß die wenigsten Kritiker über Ihre Motivation nachdenken. Sie könnten von Ihnen lernen.

Natürlich werden Sie bemüht sein, andere Menschen zu sich heraufzuziehen. Da aber nicht sein kann, was nicht sein darf, wird man Ihnen nicht glauben, daß Sie dabei sind, erfolgreich zu werden. Immer wieder werden neue Versuche gestartet, Sie «vor Schaden zu bewahren». Eifrig verweist man auf andere «Überschlaue», die bei ihren Bemühungen auszubrechen auf den Bauch fielen. Sie werden überrascht sein, wie viele Geschichten man ausgräbt.

Der neidische Versager

Der Mensch – so warnt die Psychologie – projiziert eigene, negative Eigenschaften auf andere: «Der andere ist sicher nicht besser als ich.»

Positive Erkenntnisse werden hierbei weitgehend ausgeschaltet. Solcherlei Ansichten sind nichts anderes als Selbstentschuldigungen. Dennoch kann ein Gefühl der Hilflosigkeit nicht überdeckt werden.

Der Vergleich mit sich selbst dient als Wertmesser. Alle Menschen um sich herum werden an den eigenen schlechten Eigenschaften gemessen und entsprechend identifiziert.

Der Verdacht, womöglich aus eigener Schuld Ziele nicht erreicht zu haben, fördert Neid und Unzufriedenheit. Nun reagiert man trotzig wie der Fuchs in der Fabel. «Macht ja nichts. Wäre sowieso nichts für mich gewesen!» Versager reagieren so. Eine Verzichtserklärung, die Wünsche überspielen soll. Darüber hinaus versucht man, ehrgeizigeren Menschen ebenfalls ihre Vorhaben auszureden. Angeleitet von Befürchtungen, andere könnten ihre Bemühungen erfolgreicher abschließen. Der eigene Mißerfolg würde dadurch unterstrichen werden. Der Gönner wird die Ausnahme sein, der Skeptiker die Norm.

Der Schriftsteller Thomas Mann erkannte: «Das Positive am Skeptiker ist, daß er alles für möglich hält.» Geht es um positive Anschauungen, hält der Skeptiker wenig für möglich. Warum? Aus einer einseitigen Programmierung resultiert ein inflexibler Meinungsaufbau. Pauschal werden Fähigkeitsabsagen ausgeteilt. Auch Ihnen werden düstere Zukunftsbilder prognostiziert.

Es kann nicht deutlicher gesagt werden, als es Franklin ausdrückte: «Jeder Esel kann kritisieren, verurteilen und klagen – und die meisten Esel tun dies auch.»

Gleichförmigkeit

Sie selbst können sich schnell und unerwartet in der Rolle des ungerechten Kritikers wiederfinden. Solch Fehlverhalten rächt sich. Denn auf Ihre Aktionen wird reagiert. Sie machen sich unbeliebt.

Resignation treibt den Kritiker zu seinem Verhalten. Irgendwann in seiner eigenen Vergangenheit hat ihn der Mut verlassen.

Nicht Feigheit ist das Gegenteil von Mut. Nein, schlimmer: Gleichförmigkeit! Daraus kann entstehen: Gleichförmigkeit, Massendenken, Massenverhalten, totale Anpassung, Verlust der Individualität.

Gewiß, wir glauben, was wir glauben wollen, aber wir wollen meist glauben, was andere glauben.

Andere – das können «faule Äpfel» sein. Ein einziger fauler Apfel kann alle gesunden Äpfel verderben. Gleichförmigkeit ist ansteckend. Es gibt viele Mittel und Methoden, Sie in die Integration einzubeziehen. Oft unbewußt nehmen viele den Gleichschritt an und wundern sich dennoch, daß sie auf der Stelle treten.

Vermeiden Sie, Bilder, Zeilen und Reden unkritisch aufzunehmen. Glauben Sie nicht an Trugschlüsse und Verlegenheitsdarbietungen. Gegen gutes Honorar produziert man jede Sensationsaussage. Moralische und menschenfreundliche Aussagen verkaufen sich schlecht. Ein ehrlicher Reporter gestand: «Wir möchten nicht, daß die Menschen anfangen zu denken. Sonst hätten wir nichts mehr zu schreiben.»

Egal, in welcher Form Sie Kritik treffen wird, denken Sie daran:
Den größten Baum trifft der stärkste Wind!
Sagen Sie nichts, tun Sie nichts und seien Sie nichts – dann werden Sie niemals kritisiert.
Sie jedoch streben den Erfolg an und widersetzen sich dieser fragwürdigen Regel. Also dürfen Sie mit Kritik rechnen. Bleiben Sie stark. Jedes: «Du kannst nicht – du sollst nicht», sollten Sie ummünzen in «ich kann und ich werde!»

Reaktionen auf Kritik

Aus dem Kesseltreiben gegen Sie werden sich einige Mitmenschen heraushalten. Es könnten Freunde sein. Freunde sind Menschen, die akzeptieren, was Sie tun!
Sollten Sie einmal in Versuchung geraten, selber anzuklagen, dann erinnern Sie sich daran: Strecken Sie auch nur einen Finger anklagend gegen einen Menschen, dann zeigen drei Finger Ihrer Hand auf Sie zurück!

Fünf sofortige Reaktionen auf Kritik:
1. Passivität
2. Rückzug in die Defensive
3. Verteidigung eigener Anschauungen
4. Persönliches Verletztsein
5. Antipathie gegenüber Kritikern.

Das Unterbewußtsein

Bewußtseinsstufen

Die meisten aus der Kaste der Gelehrten vertreten den Standpunkt, der Verstand – Geist – und das Gehirn seien synonym, also gleich. Sitz des Verstandes ist demnach das menschliche Gehirn.

Das Ziel dieses Buches kann es nicht sein, das faszinierende Thema Unterbewußtsein erschöpfend zu behandeln.

Konzentrieren wir uns auf einige brauchbare Punkte.

Es gibt drei Bewußtseinsstufen:
1. Oberbewußtsein
2. Tagesbewußtsein
3. Unterbewußtsein.

Befassen wir uns mit dem Unterbewußtsein.

Der Psychoanalytiker Sigmund Freud hat sich besonders mit dem Einfluß des Unbewußten auf die gegenwärtige Gedankenwelt befaßt.

Stellen Sie sich vor, daß in Ihrem Gehirn – wie in einem Computer – viele Programme zur gleichen Zeit ablaufen. Da jedes zu lösende Problem in einem eigenen Programm bereits enthalten ist (Denkvorgang), wird dieses Programm – wenn es nicht allzu akut ist – zurückgestellt. Diesem nichtakuten Problem wird also eine niedrigere Priorität eingeräumt. Auf Grund dieser Einstufung verläßt dieses «unwichtigere» Programm unser augenblickliches Bewußtsein. Wird das vorerst zurückgestellte Problem durch eine Anforderung wieder aktuell, schiebt sich das Programm in den Vordergrund. Das Problem besitzt wieder vorrangigen Wert.

Viele von uns suchten schon einmal einen verlorengegangenen Schlüssel. Letztlich gab man die Suche auf und resignierte vor dem Problem. Ohne daß wir bewußt weiter über das Problem nachgegrübelt hätten, kam uns plötzlich in den Sinn, wo der Schlüssel zu finden war.

Nicht eine «Eingebung», wie wir annehmen möchten, bewerkstelligte dies. Das Unterbewußtsein war weiter mit dem Problem befaßt und «suchte» weiter. Praktisch arbeitet das Unterbewußtsein ständig.

Oder:

Ein Name ist Ihnen entfallen. Sie suchen, und plötzlich fällt er Ihnen wieder ein. Einfach so?

Aus dieser unbewußten Suche ergeben sich enorme Möglichkeiten für Sie. Lernbemühungen erhöhen die Fähigkeit, das Unterbewußtsein *gezielter* für sich arbeiten zu lassen.

Die hervorgeholte Information tritt vom Zwischenspeicher in den Hauptspeicher Unterbewußtsein zurück. Beansprucht wurde die Abrufbereitschaft. ·

Der Hauptspeicher stellt einen Informationsspeicher dar. Er enthält Probleme in ruhender Position. Wissen ist Information und gespeicherte Information.

Der Zwischenspeicher dagegen enthält bzw. behandelt akute, anliegende Probleme; er steuert das bewußte Denken.

Als Bewußtsein wird die geistig ausgesonderte Problemlösung deklariert. Dieser Vorgang wiederum ist ein direkter Impulsgeber. Der Impuls löst die eigentliche Tat – also sichtbare Aktivität – aus.

Fehlerloser und geschickter als das Bewußtsein ist das Unterbewußtsein in der Auswahl der zu speichernden Informationen. Schon deshalb kann es nicht generell verkehrt sein, dem plötzlichen Einfall zu folgen oder Spontaneität zu beweisen. Ihr Zweifel an der Richtigkeit des Einfalls gibt Ihrem Bewußtsein zwar Gelegenheit, weitere Bedenken anzumelden. Gewissenhaft wird es weiter aufzeigen, wie es *nicht* geht. So wird aber auch eine – unter Umständen wichtige – Entscheidung hinausgezögert.

Impulse

Das Unterbewußtsein läßt in Sekunden Millionen Impulse rege werden. Informationen werden sortiert und bei Bedarf hervorgeholt. Um die gleiche Arbeit zu verrichten, würde das Bewußtsein ungleich mehr Arbeitszeit benötigen. Wie wird das Unterbewußtsein zur ruhelosen Suche nach einer Problemlösung angespornt? Indem Sie fest an die Findung einer Lösung glauben! Volle Konzentration ist notwendig. Hierin steckt ein Ansatzpunkt für Sie!

Anliegende Probleme vergessen zu wollen, gelingt ebenfalls nicht unverzüglich. Denn auch hier muß ein Umprogrammierungsvorgang ablaufen. Besser kann die geistige Abstraktion sein. Diese Loslösung von Problemgedanken dient der Abstandsgewinnung und totalen Entspannung.

Beschäftigen Sie sich mit den Gedanken, die Ihnen einfach so kommen. Nicht immer verstehen wir sofort die gemeinte Aussage. Manchmal stellen wir verspätet fest, daß sich ein Teilplan entwickeln und mitteilen wollte.

Glauben Sie an die Realisierung brauchbarer Gedankenbilder. Übertragen Sie Ihrem Unterbewußtsein die Primäraufgabe, Sie ständig an Ihre Ziele zu erinnern! Programmieren Sie sich positiv!

Das Unterbewußtsein oder Unbewußte ist nicht nachvollziehbar. Deshalb bleibt uns der Ursprung mancher rätselhafter Reaktionen verborgen.

Psychologen suchen Verhaltenserklärungen. Sie operieren nach verschiedenen Systemen. Ungleiche Kommunikationsordnungen bestehen. Doch nicht immer findet man ausreichende und zufriedenstellende Erklärungen für subjektive und zwischenmenschliche Verhaltensabläufe.

Rationale Gedanken gewährleisten die Kontrollmöglichkeit. Maßgebend jedoch ist die Tiefe des Gefühls. Gefühl, das im Unterbewußtsein Nahrung findet. Die Lebensquelle für das Unterbewußtsein ist die Erfahrung. Diese – *Ihre* – Quelle kann unermeßlich sein. Es liegt an Ihnen.

Gefahrensignale des Unterbewußtseins dürfen nicht überhört werden. Beachten Sie intuitive Mahnungen.

Suggestion

Ihr Unterbewußtsein ist beeinflußbar. Nutzen Sie diese Aufnahmebereitschaft. Es ist bereit, Wiederholungen (suggestiv, autosuggestiv) aufzunehmen. Wie bei einem Lehrvorgang ergibt sich daraus eine Verhaltensbestimmung.

Werbemethoden z. B. kalkulieren die Macht der Suggestion in ihre Aussagen ein. Zählen Sie die Ihnen bekannten Werbeslogans. Sie werden über die Vielzahl erstaunt sein. Durch suggestive Gestaltung wurden sie in Ihr Unterbewußtsein eingelagert. Gerade diejenigen, die behaupten, durch Werbung nicht beeinflußbar zu sein, kennen die Werbetexte am besten.

Aus wissenschaftlichen Überlegungen entwickelte sich die Blitzsuggestion – unterschwellige Werbung genannt. Blitzschnelle Bilder graben sich in das Unterbewußtsein und bestimmen beispielsweise das Kaufverhalten. Quasi eine tiefwirkende und aktionsbestimmende «geistige Vergewaltigung».

Das Unterbewußtsein ist also Speicher und Impulsgeber zugleich.

Träume gleich «Schäume»?

Wir wollen uns mit dem Schlaf des Menschen beschäftigen. Schlaf ist eine vollkommen normale, rhythmische Situation. Ein physiologisch notwendiger und gesunder Prozeß. Der Schlaf ist imstande, eine zwar geheimnisvolle und individuelle Welt zu offenbaren, aber sie ist einigermaßen durchschaubar.

Nicht nur im Wachzustand produzieren wir Bilder. Auch im Schlaf setzt dieser Vorgang nicht aus. Nahezu jeder Mensch hat Träume. Wir träumen mit Unterbrechungen circa 100 Minuten pro Nacht.

Die Erforschung und Erkenntnis des Ichs sollte auch im Schlaf nicht ausgenommen werden. Deshalb wird angeraten, sich Träume zu merken. Übung ermöglicht dies. Finden Sie sich nicht damit ab, Träume generell ad acta zu legen.

Im Ruhestadium von Geist und Körper erfahren die Tageserlebnisse mit ihrer Problematik nochmals eine Überprüfung.

In Träumen können sich Erwartungen, Ängste, Zweifel, Hoffnungen und Wünsche – verkapselter oder aktueller (offenliegender Art) – ausdrücken. Beschäftigt ist hierbei das Unterbewußtsein.

Träume dürfen also nicht pauschal als «Schäume» abqualifiziert werden. Träume können darüber hinaus konkrete Ergebnisse, Erkenntnisse und Nachrichten – bis hin zu Warnungen – ausdrücken.

Der Mensch neigt dazu, sich problemlosen und leichtverständlichen Abläufen zuzuwenden. Was er sieht, was er bewußt erlebt, darüber denkt er bevorzugt nach. Und dabei bleibt es meist.

Träume werden regelmäßig verdrängt, sogar planmäßig vergessen oder nicht verstanden. Hartnäckige Fragen werden bewußt banalisiert. Nur um nicht nachdenken zu müssen. Nachdenken zu müssen, wird vielfach als vermeidbar und unbequem empfunden. Also werden auch Träume unterbewertet.

Dennoch treffen manchmal Traumaussagen so konsequent und überdeutlich ein, daß sie bemerkt werden müssen. Zufall? Nur vielleicht!

Traumnachrichten werden in den seltensten Fällen im Klartext vermittelt. Man muß sich intensiv mit sich, seiner Lebensposition, mit Vergangenheit und Zukunftsgedanken auseinandersetzen. Träume sind ungesteuerte Abläufe des Unterbewußtseins! Plus und Minus, positives und negatives Übergewicht wird im Schlaf festgestellt. Vorwiegend Eindrücke aus dem vorangegangenen Wachzustand bilden Traummotive.

Um Erkenntnisse gewinnen zu können, sollten Sie Ihr Bewußtsein in Traumabläufe einfließen lassen. «Beobachten» Sie die Geschehnisse. Das ist eine Frage des Trainings. Seit es Sigmund Freud gelang, den «Psychoschlüssel» in Träumen zu finden, rätseln Psychologen auf der ganzen Welt über das Phänomen Traum. Gerätselt wird auch über die Frage, warum manche Träume vergessen und andere behalten werden.

Eine Erkenntnis stammt aus Experimenten der texanischen Universität in Austin. Unter Leitung des Schlafforschers Prof. Dr. David Cohen fand man heraus, daß Menschen ihren Traum leichter vergessen, wenn man sie unmittelbar nach dem Erwachen stört. Wenn sie während der Traumphasen – die leicht an heftigen Augenbewegungen zu erkennen sind – sanft geweckt werden, erinnern sich Testpersonen fast ausnahmslos an Traumgeschehnisse.

Träume währen oft nur den Bruchteil einer Sekunde! Auch wenn wir nach dem Erwachen glauben, besonders ausdauernd geträumt zu haben, könnten es nur Sekundenträume gewesen sein.

Träume können Befreiung oder Erleichterung von psychischen Belastungen bringen. Könnten seelisch Kranken Rezepte verschrieben werden, die helfen würden, sich an Träume zu erinnern, ließen sich etliche psychische Konflikte und Ängste eher entschlüsseln und lösen. Analytische Ansätze würden erleichtert werden. Laut Professor Cohen ist es besonders wichtig, am Ende einer Traumphase aufzuwachen. Die nunmehrige Erinnerung ist frisch. Diese Aktualität gestattet, den Traum unverzüglich und detailliert aufzuschreiben. Eine Analyse ermöglicht, Fragen und Probleme zu kompensieren. Lösungen bieten sich an.

Albert Einstein beispielsweise wies darauf hin, daß einige seiner Ideen der eigenen Traumwelt entstammten.

Autosuggestion mit dem Ziel der Einschaltung des Bewußtseins und damit der Merkfähigkeit in wichtigen Traumphasen kann enorm helfen, das eigene Ich zu erkennen. Bleiben Sie nach dem Erwachen entspannt. Versuchen Sie, Traumphasen in Ihre Erinnerung zurückzuholen. Setzen Sie Bilder und Szenen zusammen.

Positive Einstellung

Verhaltensursprünge

Eine der größten Aufgaben liegt wohl darin, anderen Menschen aufzuzeigen, wie sie ihr Leben positiv verändern können.

Gewiß, wir können auf unsere geistigen Fähigkeiten stolz sein. Doch Ihr persönlicher Erfolg oder Mißerfolg wird nicht durch geistige Fähigkeiten alleine bestimmt. Sondern durch Ihre geistige *Einstellung* und deren aktive Auswertung. Sie sind ein Produkt Ihrer Gedanken.

Wie Sie denken, so sind Sie!

Verfolgen wir doch den geistigen Werdegang eines Menschen.

Nach Ihrer Geburt bekommen Sie den üblichen Klaps auf das Hinterteil. Sie beginnen erstmals zu schreien. Sie atmen, Sie leben hörbar!

Der wichtigste Vorgang beginnt anzulaufen. Vergleichen wir jetzt Ihr Gehirn mit einer Kassette. Sie werden aktiviert. Ab sofort wird auf dieser «Kassette» alles gespeichert, was Sie sehen, hören, fühlen, riechen. Alle Sinne registrieren und sammeln Informationen. Ihr Unterbewußtsein übernimmt die Speicherfunktion. Obwohl manches bewußt verdrängt – «vergessen» – wird.

Ihre Ohren vergleichen wir mit Mikrophonen und Ihre Augen mit Kameras. Ihre «Kassette» läuft und nimmt auf. Aber was speichern Sie?

Sie speichern Eindrücke. Sie speichern die umweltliche Ansprache. Sie speichern positive und negative Vorgänge, wie sie sich Ihnen darstellen.

Der Mensch ist das Produkt seiner Gedanken. Wie sind Ihre Gedanken? Wenn Sie größtenteils unerfreuliche, belastende, unvorbildliche, also destruktive und demotivierende Eindrücke aufnahmen, resultiert Ihre Einstellung aus diesen Erfahrungen. Daraus bildet sich Ihre Haltung anderen gegenüber. Sie sind eben wie ein Tonband. Es kann nur wiedergeben, was aufgenommen wurde.

Nicht jeder Mensch ist bereit, seine Einstellung «machen» zu lassen. Es liegt an Ihnen, sich positiv zu stimulieren und einen Ausgleich zu schaffen. Darin liegt die Eigenleistung zu Ihrem Nutzen.

Was sind Basen negativer Gedanken?
1. Unverständnis
2. Überheblichkeit
3. Unglaube.

Die wohl häufigste Reaktion auf Handlungen anderer Menschen ist vollkommenes Unverständnis. Der Wille, aufeinander einzugehen, ist schwach entwickelt, das Verständnis dürftig und der Wille, aus Handlungen anderer zu lernen, ebenso.
Dabei wird tunlichst vermieden, Fragen zu stellen. Man fürchtet, dadurch Unwissenheit zu zeigen.
Verständnis aber setzt Aufgeschlossenheit und Interesse voraus.
Interesse läßt Wißbegierde erkennen.
Wißbegierde, die durch aufgenommenes Wissen gestillt werden kann.
Unwissenheit bringt Sie in eine nachteilige Position. Das sollten Sie ändern!
Überheblichkeit zählt leider zu den üblichen Verhaltensweisen der Menschen. Arroganz bestimmt oft kommunikative Verhaltensschemata.
Es ist gut, daß sich der Ablauf jedes Lebens variabel gestaltet. Dieser Ablauf kann jeden an einen Platz stellen, den er gestern noch ignorierte.
Der Mensch, den Sie heut mit Überheblichkeit bedenken, könnte morgen schon Ihr einziger Helfer sein!

Die Basis positiver Gedanken setzt sich zusammen aus:
1. Geduld und Zutrauen
2. Glaube
3. Wahrheitsliebe

Mit Ungeduld können keine optimalen Ergebnisse erwartet werden. Geduld dagegen wirkt auf Sie und andere beruhigend und bringt Sie dem Ziel näher.
Geduld und Durchstehvermögen werden von Ihnen erwartet. Was jahrelang an Negativem aufgenommen und teils akzeptiert wurde, kann nicht in wenigen Tagen zum Positiven umgewandelt werden. Annullieren Sie ohne Hast negative Einstellungen. Gehen Sie dabei gründlich vor! Erhalten Sie sich das Vertrauen in die Zukunft. Denn auch Sie sind ein Teil davon. Die Zukunft sind wir alle. Alle, die gemeinsam oder individuell die Realität gestalten.

Der Glaube an sich selbst – und andere – ist eine brauchbare Hilfe, Aufgaben zu bewältigen. Dabei dürfen Sie ein gesundes Mißtrauen nicht außer acht lassen. An Sie herangetragene Unwahrheiten und böswillige Absichten rechtfertigen eine gewisse Skepsis. Versuchen Sie gewissenhaft, Menschen zu erkennen. Dazu müssen *Sie* sich öffnen. Wie steht es um Ihr Selbstvertrauen?

Glauben Sie an sich als Erfolgsmenschen?

Die Lüge kann nicht dauerhaft vorteilhaft sein. Sie bringt nur scheinbare Vorteile. Wenn Sie zur Wahrheit stehen, sparen Sie wertvolle Energie. Denn Sie brauchen Ihre Konzentration nicht auf konstruierte Lügen zu richten. Es ist anstrengend, auf Lügen aufzubauen.

Unbelastet wie Sie sind, vermeiden Sie die Selbstverwirrung und den Betrug an sich und anderen.

Ergebnisse negativer Gedanken

Ein gewisses Desinteresse gegenüber den vielen Unwichtigkeiten, die sich Ihnen täglich aufzudrängen versuchen, schadet keineswegs. Wenden Sie sich nicht ständig Abläufen zu, die Sie beunruhigen und unzufriedener werden lassen. Ziehen Sie laufend Zwischenbilanz.

Führen Sie nachstehende Selbstanalyse gewissenhaft durch. Testen Sie Ihren aktuellen Stand zu den Ergebnispunkten, geboren aus negativem Denken. Jede Zustimmung ist ein Verbesserungsmotiv für Sie!

Was davon tragen Sie noch in sich:

1. Sorgen, Kummer
2. Zweifel
3. Neid
4. Unentschlossenheit
5. Eifersucht
6. Unzufriedenheit
7. Rachegefühle, Vergeltungswünsche
8. Zorn
9. Unbeherrschtheit
10. Aberglaube
11. Angst, Furcht
12. Mißtrauen überspitzter Art.

Die Einstellungslinie

Stellen Sie sich vor, durch die Mitte Ihrer Lebenshaltung würde eine waagerechte Linie verlaufen. Oberhalb der Linie befindet sich die positive und unterhalb die negative Zone. Die trennende Linie heißt Einstellungslinie!

Je nach Denkungsweise bewegt sich Ihre Einstellung im Feld einer dieser beiden Zonen.

Die positive Zone identifizieren wir mit Erfolg, die negative mit Mißerfolg.

Sie sind ein Produkt Ihrer Gedanken. Sie sind, wie Sie denken!

Denken Sie negativ, bewegt sich Ihre Einstellung in der negativen Zone. Sie ernten Mißerfolg!

Die positive Handlung dagegen zielt auf den Erfolg.

Vielleicht glauben Sie, mit Ihrer Einstellung «in der goldenen Mitte» zu stehen? Oder suchen Sie noch diese Mitte? Intellektuell und biologisch dürfte es wohl kaum eine Mitte geben! Und es gibt keine «Ich-bin-fast-positiv-Einstellung»!

Entweder Sie bekennen sich zur positiven Einstellung oder Sie unterwerfen sich den zerstörerischen Einflüssen der negativen Zone.

Wo befinden Sie sich? Oberhalb oder unterhalb der Einstellungslinie?

Ergänzend gibt es noch die «Stufenleiter zum Erfolg». Der Grad Ihrer positiven oder auch negativen Einstellung läßt sich an ihr ablesen. Wie weit sind Sie bereits in das positive Feld eingedrungen? Oder sind Sie ein wenig unter die Linie gerutscht? Denken Sie sehr negativ?

Wie können Sie sich positiv stimulieren? Nur durch positive Motivationsarten. Weichen Sie demotivierenden Aktionen und Ansprachen aus! Derartige Versuche sollten wie Wasserperlen an Ihnen abgleiten.

Ihre selbstaufbauenden Bestrebungen lassen sich nicht untergraben. Glauben Sie daran!

Man wird versuchen, Sie aus Ihrer Reserve zu locken. Manchmal werden Sie versucht sein, nachzugeben und zu versagen. Oder Sie gehen rückwärts, weil Sie sich nicht zu behaupten verstehen. Beginnen Sie ungebrochen von vorne. Immer wieder. Verbessern Sie sich. Streben Sie die Verwirklichung Ihrer Vorsätze ungebrochen an.

Selbstverbesserung ist zweifellos schwer. Wenige Menschen können ihre gröbsten Fehler vollständig bewältigen. Im Laufe der Bemühungen werden Abstriche gemacht.

Die Bemühungen werden lascher. Kraftlos wird endlich eine einigermaßen brauchbare Entschuldigung gesucht.

Doch keine Entschuldigung ist gut genug für das Versagen! Und schon gar kein Ausgleich für Qualität.

Suchen Sie gewinnbringende Ergebnisse. Drücken Sie Ihren starken Willen dadurch aus, daß Sie täglich zwei gute Taten absolvieren. Positive Menschen handeln positiv.

Versuchen Sie es. Bewährungsmöglichkeiten bieten sich mehr als genug an. Beginnen Sie nicht bald, sondern sofort!

Schon die Bibel klärt auf: «Was ihr sät, werdet ihr ernten.»

Sät der Bauer auf seinem Feld Weizen an, wird er Weizen ernten. Dem Feld ist es gleich, was gepflanzt wird. Mit dem Verstand ist es ebenso. Was Sie eingeben, werden Sie ernten. Und dem Verstand ist es ebenso gleich, was Sie säen.

Nur das Gepflanzte kann gedeihen. Geistiges «Gewächs» breitet sich rasch und intensiv aus. Und geistiges «Unkraut» sitzt sehr tiefverwurzelt und fest. Es kann nur unter Aufbietung aller Willenskräfte endgültig vernichtet werden. Geistiges Unkraut sucht nahrhaften Boden. Dafür, daß es sich ausbreiten kann, sorgen im allgemeinen die Menschen schon selbst.

Wie eine Pflichtübung absolvieren sie täglich ihr persönliches Negativprogramm. Nach dem Standpunkt, daß alles beklagenswert ist, schimpfen und jammern sie. Sie bedauern, daß angeblich nichts den eigenen Vorstellungen gemäß verliefe.

Sie, als positives Individuum, finden unter Pessimisten genug Gelegenheiten, Ihre Stärke zu beweisen. Unter all den Schwarzsehern treten Ihre Vorteile überdeutlich zutage. Sie können sich reichlich beweisen.

«Schwarzer» Konsum

Stellen Sie sich vor, die Regierung würde negative Denkvorgänge verbieten. Unvorstellbar? Leider!

Breite Verhaltensschemata würden sich total verändern. Wir alle könnten mit Freunden und Bekannten nicht mehr im üblichen Stil verkehren. Vorurteile und niedere Beweggründe würden entfallen. Es würde nicht mehr denunziert, verleumdet, mißachtet, verspottet, gelogen werden – nur zur Unterhaltung oder des Eigennutzes wegen. Würde das Verbot publiziert, müßten Verlage, Film, Funk, Fernsehen gründliche Reformen durchlaufen. Gestalter, Redakteure und weitere Verantwortliche wären gezwungen umzulernen. Kommentatoren und Empfänger würden ein zwar völlig neues, aber heilsames Kommunikationsgebilde erfahren.

Schlagen Sie eine beliebige Zeitung auf. Blättern Sie in den Seiten führender Illustrierten. Und was finden Sie?

Schreierische Sensationsbeschreibungen – Düstere Prognosen – Grausame Katastrophenberichte – Schamlose Übertreibungen – Parteiliche Anschauungen – Schockierende Schreckensmeldungen – «Schwarze» Rückblicke und Voraussagen – Unfallbeschreibungen. Kurz, aufreißerische Artikel. Je grausamer die Aufmachungen und Berichte sind, desto höher kann die Auflage angesetzt werden. Es darf verkauft werden – es darf verdorben werden! Und es wird gekauft. Negatives wird mit wachsender Begeisterung verkonsumiert. Wundern Sie sich deshalb nicht über die Einstellung der Gesellschaft – und über sich.

Wieviel Mitmenschen kennen Sie, die sich bequem in ihrem Wohnzimmersessel rekeln und sich mit sämtlichen Schreckensbotschaften aufladen, die der Tag hergeben kann. Diese füttern ihre «Kassetten» und wundern sich, warum sie das Lachen verlernt haben.

Was Wunder, wenn diese Einstellung verkrampft. Irgendwie spüren wir, daß wir uns verkehrt verhalten. Aggressionen werden aufgebaut, stauen sich und brechen aus. Wege werden gesucht, diesen Stau abzubauen. Entwickeln Sie keine Aggressionen, dann brauchen Sie auch keine abzubauen!

Ärger

Ärger schlägt auf das Gemüt, bereitet Fehlhandlungen vor und kann die Schaffenskraft entscheidend lähmen. Auch ansonsten friedliche Menschen ändern rigoros durch angestauten Ärger ihre Haltung – also ihr Wesen. Sie fühlen sich provoziert und werden zum Angreifer.

Da sich psychische Eigenschaften sehr schnell somatisch auswirken können, können seelische Belastungen zu Herzinfarkten, Magengeschwüren und anderen eindeutigen Krankheiten führen.

Das Gebiet der psychosomatischen Auswirkungen ist umfangreich.

Auch Epilepsie, Herz- und Kreislaufbeschwerden und Migräne können seelisch bedingt sein. Medikationen versagen oft, denn die Psyche verlangt meist menschlichere, «wärmere» Therapien.

Sollten Sie betroffen sein, sollten Sie als erstes Ihre innere Einstellung überprüfen. Was quält Sie?
Welche Sorgen belasten Sie besonders stark?
Seit wann?
Was läßt Sie nicht zur Ruhe kommen?
Leiden Sie unter Appetitlosigkeit, Konzentrationsstörungen, Schlafstörungen, Tagesmüdigkeit, Antriebsschwäche, Herz- und Magenbeschwerden?
Fühlen Sie sich schlapp, permanent müde – ausgelaugt und leer?
Sind Sie leicht reizbar?
Sind Sie dabei, das Lachen zu verlernen?
Lachen Sie nicht mehr wirklich?
All das sind Symptome, die nach Behandlung schreien! Denn Sie können sich buchstäblich zu Tode ärgern.
Überdecken Sie Zeichen der Überlastung nicht ohne fachlichen Rat leichtfertig mit Psychopharmaka oder sonstigen chemischen Mitteln. Grundprobleme werden dadurch nur abgeschirmt und verdrängt, aber nicht gelöst. Zudem besteht die große Gefahr der medikamentösen Abhängigkeit und der Entfremdung von natürlichen Empfindungen.

Schmerz

Versuchen Sie, aufkommende Ärgernisse emotional nicht überzubewerten. Analysieren Sie objektiv die kritische Situation. Auch Ungelegenheiten können versteckte Vorteile beinhalten. Jedes Empfinden hat einen lehrreichen Effekt. Auch wenn die Einsicht schwerfallen will.
Vielleicht leiden Sie unter einer schmerzhaften Krankheit. Der Schmerz quält Sie grausam.
Was ist Schmerz?
Ihren eigenen Schmerz kann kein anderer Mensch nachempfinden. Nur Sie erleben ihn und die Intensität als seine Eigenschaft. Schmerz kann nicht gesehen oder labortechnisch nachgewiesen werden. Nur offene Symptome sind erkennbar. Dabei hat die Medizin bisher in ih-

ren Bemühungen nicht nachgelassen, den Schmerz zu objektivieren. Dennoch werden niemals allgemeingültige Normen entstehen können. Denn die Intensität des Schmerzes ist nicht bei allen Menschen gleich.

Außerdem unterliegt der Schmerz einem Rhythmus. Man spricht von Tages- bzw. Monats-Intensität. Am Abend empfindet man den Schmerz stärker als tagsüber.

Doch: Hätten wir keine Schmerzen, könnten wir nicht feststellen, daß mit unserem Körper etwas nicht stimmt. Fehlende Warnsignale würden eine Lokalisierung und Versorgung verzögern oder gar verhindern. Krankheiten könnten unbemerkt fortschreiten bis zu einem eventuell hoffnungslosen Endstadium.

Tod

Wenn Menschen nicht sterben würden, wäre unsere Welt längst hoffnungslos übervölkert. Hungersnöte, Seuchen und hemmungslose Überlebenskämpfe wären nur einige Folgeerscheinungen. Das Leben wäre eine einzige Qual.

Denken Sie darüber nach. Was wäre, wenn alle verstorbenen Menschen, die Sie kannten, noch am Leben wären. Wäre das in jedem einzelnen Fall gut? Was wäre, wenn Menschen, die Geschichte machten, noch allesamt leben würden? Welche Folgen hätte dies? Sämtliche Kriminelle aus allen Zeitepochen würden noch leben. Alle bekannten und unbekannten Diktatoren und Demagogen wären am Werk. Viele weitere Beispiele könnten eingesetzt werden. Die Folgen wären verheerend.

Falls Sie je daran zweifelten, sollten Sie erkennen, daß der Tod einen äußerst wichtigen Sinn erfüllt. So wie in jedem Geschehen ein Sinn liegt. Jedes feststehende Schreckensereignis verliert an einschüchternder Wirkung, wenn man bereit ist. Ihre positive Einstellung kann Sie führen.

Beginnen Sie jeden Tag so, als würde gerade er etwas Besonderes sein. Leben Sie in freudiger Erwartung. Dies wird Sie motivieren, frei zu sein. Die Dynamik der persönlichen Motivation kostet Sie nichts!

Ausreden

- Glauben Sie niemals, Sie wären Ihren Zielen nicht gewachsen!

- Es stimmt nicht, daß Ihr Stand es nicht erlaubt, weiterzukommen.

- Sie sind nicht verhindert, erfolgreich zu sein.

- Sie sind nicht zu unwissend für den Erfolg.

- Sie sind qualifiziert.

- Sie sind nicht zu schwach, sich durchzusetzen. Und Chancen gibt es genug!

- Sie fühlen sich zu minderwertig – zu klein – für den Erfolg? Wie groß sind Sie in Ihrer Einstellung? Man gönnt Ihnen den Erfolg nicht? Werden Sie ausgelacht? Gönnen Sie sich den Erfolg. Arbeiten Sie darauf hin. Man wird Sie sehr schnell ernst nehmen müssen.

- Glauben Sie, zu oft getreten worden zu sein, um nochmals aufstehen zu können? Sie sind nicht dazu bestimmt, liegen zu bleiben! Beweisen Sie es.

- Es gibt für Versagen viele Entschuldigungen, aber keinen guten Grund!

- Sie sind nicht zu alt, um erfolgreich zu sein.

- Vermeiden Sie die Vokabel «vielleicht» und gehen Sie nicht danach. Schaffen Sie klare und unmißverständliche Entscheidungen. Ich werde Erfolg haben und nichts kann meinen Glauben daran wankend machen!

Prentice Muldord (1834–1891), der geistige Vater der modernen Psychodynamik meinte: «Deine Erfolgskraft wächst mit jedem Menschen, der in den Strahlungsbereich Deines positiven Denkens gelangt. Diese geistige Selbsthilfe kann Dir dazu dienen, alles zu erreichen, was Du ersehnst, auch das höchste Ideal zu verwirklichen und das größte Unternehmen aufzubauen – von innen nach außen.»
Und weiter: «Da der Gedanke lebendige Kraft ist, kannst Du Dich in eine Kraftzentrale verwandeln, die Tausenden Licht, Wärme und Leben spendet.»
Von *innen* nach außen! Übertragen Sie Ihre Einstellung. Spenden Sie

Kraft und seien Sie Stütze für alle, die sich angesprochen fühlen und bereit sind, so zu denken wie Sie: positiv!

Es wird sich lohnen.

Sie erhalten im Leben, was Sie verdient haben – als Resultat ihrer Einstellung!

Motivation

Bedeutung

Offensichtlich gibt es genug Menschen, die unmotiviert – also antriebslos – und reaktionsarm die Lebensumstände wie gegeben akzeptieren. Solche Menschen sind erschreckend leer. Sie wissen nicht, wie sie diesen Zustand ändern könnten. Aus dieser Unkenntnis heraus wundern sie sich über jene, welche augenscheinlich voller Schwung und Tatkraft sind.

Was läßt Menschen über sich selbst hinauswachsen? Was läßt sie plötzlich großartige Dinge vollbringen? Werke, zu denen sie sich bisher nicht befähigt glaubten? Weshalb jubeln Menschen vor Begeisterung? Was kann so mächtig sein, daß Menschen Krankheiten und Schmerzen verdrängen und darüber hinaus anderen Trost spenden? Was hält ihren Blick allein auf das Ziel gerichtet und ist Garant für den Erfolg? Sie sind motiviert.

Motivation, was ist das?

Motivation ist der Grund, etwas zu tun!

Für Ihre Persönlichkeitsentwicklung ist Motivation enorm wichtig.

Die Umwelt vermag zu motivieren. Der pulsierende Gesamtablauf veranlaßt Einzelpersonen, sich in ihn einzufügen. Sie sind ein Teil dieses übergeordneten Ablaufes. Daraus entnehmen viele Menschen einen Auftrag. Den Auftrag, sich in persönlichen Entscheidungen von den Denkungsweisen anderer abhängig zu sehen. Zwar wird die Rückfrage an sich nicht absolut ausgeschlossen. Doch die Rücksicht auf Fremdmeinungen überwiegt. Sie übernehmen die allgemeine Denkungsart.

Die meisten Menschen bauen ihr Leben schon frühzeitig nach diesem Klischeeverhalten auf. Von früh an fügen sie sich eingespielten Lernprozessen, die allgemeine Existenzrhythmen bestimmen.

Und dennoch tauchen Fragen nach größerer Individualität und höheren Zielen auf und drängen nach Antworten. Spätestens die praktische Erfahrung stellt dann Antworten zur Verfügung. Diese Antworten jedoch können heftig sein und schmerzen.

Die Umwelt motiviert immer. Sie hält unzählige Angebote bereit. Stellen Sie sich aus diesem Riesenprogramm *Ihr* System zusammen.

Wählen Sie sorgsam, denn alles können Sie nicht beanspruchen.

In der Motivation sind die Schienen, die zum Erfolg führen, zu sehen.

Viele betrachten Geld als den eigentlichen Motivator. Gewiß, es mag reizvoll sein, Geld und Gut zu besitzen. Dennoch ist im Grunde nicht das Geld der eigentliche Motivator, sondern das, was man damit kaufen kann!

Grundmotive zur Aktivierung

1. Liebe   (+)
2. Sex   (+)
3. Materielles Verlangen   (+)
4. Selbsterhaltungstrieb   (+)
5. Erhaltung der Freiheit des Körpers und Geistes   (+)
6. Imagepflege   (+)
7. Leben nach dem Tode   (+)
8. Zorn   (−)
9. Angst   (−)

Grundsätzlich unterscheiden wir zwischen positiven (+) und negativen Aktivierungsmotiven (−).

Zu 1.: Liebe kann zu Extremhandlungen verführen. Diese Antriebskraft überwindet alle Hindernisse. Jede Anstrengung steht dafür, das Ziel zu erreichen.

Menschen können sich plötzlich vollkommen atypisch verhalten. Vernünftige Überlegungen werden in der Bedeutung zweitrangig, und ansonsten feste und verläßliche Gewohnheiten weichen spontanen Handlungen. Emotionen dominieren.

Zu 2.: Der natürliche Sexualtrieb beflügelt Menschen oftmals zu außergewöhnlichen Taten. Der erwartete Lustgewinn stachelt die Kreativität an. Da Sex ein normaler erotischer Ausdruck ist, kann er kein negatives Motiv – im Rahmen der Norm – sein.

Zu 3.: Das Verlangen nach materiellem Besitz zu unterdrücken, wäre unklug. Nehmen wir an, Sie wünschen sich ein hübsches Haus. Malen Sie sich jede Einzelheit genau aus! Form, Größe, Lage, Farbe. Jedes Detail sollte Sie animieren, es zu realisieren. Ihren Wün-

schen sind keine Grenzen gesetzt. Ihr Ziel muß kein Wunschtraum bleiben!
Suchen Sie sich das richtige Ziel. Die meisten Wünsche motivieren Sie nicht stark genug. Die notwendige Antriebskraft stellt sich nicht ein. Dann wählten Sie Scheinziele. Nur die passende Vorstellung wird Sie vorwärts treiben. Sie werden jede Müdigkeit abschütteln.

Zu 4.: Der Selbsterhaltungstrieb enthält eine bedeutende Eigenschaft: Egoismus. In vertretbaren Ausmaßen aber kann Egoismus durchaus angebracht sein. Das Bestreben, sich selbst zu erhalten, hält Sie aufrecht und bestimmt Ihre Aktivitäten. Das ist normal – Sie können nicht gegen sich sein. Das wäre unnatürlich.
Der Selbsterhaltungstrieb stellt gewissenhaft bedeutsame persönliche Interessen vor die der anderen. Ob Sie sich diesem generellen Ablauf grundsätzlich fügen, richtet sich nach den jeweiligen Notwendigkeiten und Ihren aktuellen Bedürfnissen.

Zu 5.: Manche Menschen bringen unglaubliche Opfer, um körperlich oder geistig frei zu sein. Erstaunlich nur, daß auf die geistige Freiheit weniger verbissen geachtet wird als auf die körperliche. Jeder von uns ist täglich das Ziel geistiger Einwirkungsversuche. Alle versuchen, Ihre Meinung zu ihren Gunsten zu verändern. Jeder Manipulationsversuch trägt Züge einer geistigen Vergewaltigung oder des Versuchs. Ihr Denken wird vorsichtig und laufend korrigiert.
Achten Sie darauf, und Sie werden offene und schleichende Versuche entlarven.

Zu 6.: Es gibt Versuche, immer wieder Ihrem Image zu schaden. In der Wahl der Mittel ist man nicht kleinlich. Sie müssen sich wehren. Dabei wird sich sehr schnell die Qualität Ihres Images herausstellen. Sollten Sie Ihr Image bislang vernachlässigt haben, wird Ihr angeblich guter Ruf rasch geschädigt sein. Das wirklich gesunde Image, das laufend gestärkt wird, verteidigt sich selbst. Es stellt den Träger außerhalb jeden Zweifels.

Zu 7.: Sich auf das Leben nach dem Tode vorzubereiten, ist ein subjektives Überzeugungsmotiv. Sie sollten Ihre Einstellung diesbezüglich überprüfen. Über ein eventuelles Leben nach dem Tode nachzudenken, mag unbequem sein. Tun Sie es nicht, entgehen Ihnen faszinierende Erkenntnisse und ernstzunehmende Aspekte. Tod ist ein fester Bestandteil des Lebens. Was nützt es, dieser Tatsache auszuweichen?

Zu 8.: Zorn ist einer der negativen Aktivierungsgründe. Zwar sollten Aggressionen ausgelebt werden. Doch dürfen Sie andere durch aggressives Verhalten nicht verletzen. Psychologische Einzel- oder Gruppentherapien wären eine Möglichkeit zur Auslebung speziell negativer Emotionen. Der bessere Weg ist, Aggressionen gar nicht erst aufzubauen.

Zorn erntet Zorn – nicht Frieden. Und eine Verschlimmerung der Ausgangssituation ist vorauszusehen. Erinnern Sie sich Ihrer Selbstdisziplin. Sie sollten Freunde, nicht Gegner gewinnen!

Zu 9.: Die Angst produziert ungewöhnliches Verhalten. Sie vermag menschliches Normverhalten gänzlich zu annullieren. Zum Beispiel:

Ein beißwütiger Hund jagt hinter Ihnen her. Die Angst vor seinen Bissen motiviert Sie zu laufen und über einen sehr hohen Zaun zu springen. Sie überlegen nicht, ob dieses Hindernis unüberwindbar sein könnte. Sie springen einfach – und schaffen es. Im Normalfall – ohne diese zwingende Motivation – hätten Sie diese Leistung nicht versucht bzw. erbracht.

Oder eine Mutter hebt – ohne sich zu besinnen – ein schweres Auto hoch. Ihr Kind wird dadurch gerettet, denn es war darunter eingeklemmt. Die Angst, ihr Kind zu verlieren, verlieh dieser Mutter unermeßliche Kräfte. Ihr Körper stellte sich auf einen übermächtigen Willen ein und legte Kraftreserven nie beanspruchter Art frei.

Angst kann Menschen zu Taten verleiten, die ihrem Naturell eigentlich widersprechen. Leider setzt man die Angstmotivation (Drohmotivation) auch erzieherisch ein. Dem Kind wird angedroht: «Wenn Du das nicht machst, dann ...» Druck wird ausgeübt. Aus Angst vor der Drohung neigt das Kind zum widerspruchslosen Gehorsam.

Solche Methoden wirken nicht nur auf Kinder.

Methodische Selbstmotivation

Eine besonders wirksame und unkomplizierte Art der Selbstmotivation ist die Spiegelmethode. Diese Technik dient der Selbstüberzeugung.

Anfangs mag Ihnen die empfohlene Position ungewohnt vorkommen. Doch durch die Spiegeltechnik schlagen Sie eine Brücke zum inneren Ich.

Sie werden Zwiesprache mit sich halten.
Sie werden Schwachpunkte erkennen und mit sich vereinbaren, diese abzubauen.

Die einzelnen Schritte der Spiegeltechnik:

1. Kleiden Sie sich *ausgehfertig*. Treten Sie bis auf Schrittnähe vor einen Spiegel, der Sie von Kopf bis Fuß wiedergeben sollte.
Sie treten sich selbst gegenüber! Wie gefallen Sie sich? Unfrisiert, unausgeschlafen wirkend, schmutzig oder in unordentlichen Kleidern können Sie sich nicht gefallen.

2. Korrigieren Sie den Sitz Ihrer Kleidung.
Schuhe und Kleider sollten tadellos wirken. Fragen Sie sich, ob Sie dieser Person – die Sie im Spiegel sehen – Vertrauen entgegenbringen könnten?! Urteilen Sie, als wären Sie sich fremd. Würden Sie dieser Person zuhören? Ihr etwas abkaufen? Was würde Sie an diesem Menschen stören?
Ihre Korrekturen sind der erste Schritt zur Selbstverbesserung.

3. Stehen Sie locker. Lassen Sie Ihre Arme locker hängen. Atmen Sie ruhig. Warten Sie, bis Sie wirklich entkrampft sind. Entspannen Sie sich!

4. Schauen Sie sich in die Augen.
Versuchen Sie Ihren Blick einzufangen und zu halten! Das ist nicht leicht. Zwinkern Sie nicht. Konzentrieren Sie sich auf Ihren Blick! Verbannen Sie jeden Gedanken, der Ihre Konzentration stören könnte. Versuchen Sie, alle Gedanken an sich abgleiten zu lassen. Setzen Sie nun einen Gedanken konzentriert ein: «Ich möchte erfolgreich sein. Ich *bin* erfolgreich!»

5. Wiederholen Sie Ihre Vorsätze.
Sprechen Sie in normaler, ungezwungener Lautstärke zu sich selbst. Wiederholen Sie Ihre Vorsätze wenigstens dreimal. Konzentrieren Sie sich stark auf Ihre Vorsätze. Halten Sie den Blickkontakt zum eigenen Spiegelbild.

6. Kritisieren Sie, was Ihnen an sich selbst weniger gefällt.
Gebrauchen Sie im Selbstgespräch die Du-Form: «Du hast bisher den Vorsatz x nicht eingehalten. Dies wird ab sofort besser ...!»
Seien Sie selbstkritisch. Sind Sie zufrieden mit sich? Mit Ihrer Figur, Aussprache, Benehmen, Selbstdisziplin? Besprechen Sie mit sich Punkte zur Selbstverbesserung.

7. Geben Sie sich das feste Versprechen, sich in bestimmten Punkten zu ändern. Konkretisieren Sie.

Nach einer anfangs breiten Selbstkritik, zählen Sie nun besonders verbesserungswürdige Schwächen auf. Geben Sie sich Order, *wie* und *wann* Sie diesbezüglich an sich arbeiten werden. «Verschreiben» Sie sich regelrechte Therapien.

Formulieren Sie Ihre Vorsätze genau. Übergroße Toleranz sich selbst gegenüber dient nicht dem Zweck dieser Selbstmotivation.

8. Wiederholen Sie die *wichtigsten* Punkte.

Halten Sie weiterhin Ihren Blick fest. Sie müssen sich Ihre Vorsätze «eingeben».

9. Genieren Sie sich nicht, Gefühle zu zeigen.

Sie geben sich selbst Rechenschaft! Warum also sollten Sie gehemmt sein und Vorurteile ausspielen? Selbstbelügen hilft nicht. Sie werden doch nicht der eigenen Person Furcht oder Mißtrauen entgegenbringen?

10. Die feste Zielsetzung darf nicht fehlen.

Markieren Sie Ziele und merken Sie sich alle Einzelheiten. Setzen Sie Fristen: einen Tag, eine Woche etc. Ihre Bemühungen dürfen nicht lascher werden.

Spiegelmotivation ist nur sinnvoll, wenn sie regelmäßig ausgeübt wird.

Motivieren Sie sich täglich zehn Minuten.

Benützen Sie hierzu möglichst einen ruhigen Raum, in dem nur Sie sich aufhalten sollten.

Die Art Ihrer Übungen mag Ihnen zu Beginn etwas merkwürdig vorkommen. Sie mögen darüber lächeln. Dabei steckt gerade in dieser relativ unbekannten Motivationsart sehr viel Wirkung. Die Spiegeltechnik verhilft Ihnen zur Selbstkorrektur. Sie fördert die Selbstverbesserung und bietet Möglichkeiten, persönliche Fortschritte zu kontrollieren.

Ihr individuelles Programm baut auf dem Ist-Zustand auf. Sie werden an Sicherheit gewinnen, denn jede Schwäche können Sie abbauen.

Anfangs erschrecken manche Menschen vor sich. Sich in die Augen zu schauen und den eigenen Blick festzuhalten, ist für viele ungewohnt. Man entdeckt sich plötzlich *bewußt* im Spiegel. Obwohl wir uns alle täglich gedankenlos im Spiegel betrachten. Wir kämmen oder rasieren uns – und sehen uns dennoch nicht. Während der Motivation sind Sie bemüht, das eigene Ich zu erkennen – das ist anders.

Es wäre möglich, daß Sie während des Motivationsvorganges feuchte Hände bekommen. Oder Sie überfällt Unruhe. Diese Reaktionen sind Zeichen dafür, wie ernsthaft Sie die Technik anspricht. Sie sind auf dem richtigen Weg.

Ihre Gedanken sind schwer einzufangen und unter Kontrolle zu bekommen? Fällt die Entspannung schwer? Es braucht seine Zeit, bis Sie die Spiegelmotivation beherrschen. Geben Sie nicht auf. Sie können diese Technik erlernen. Bedingung aber ist die tägliche Wiederholung.

Diese Methode ist ein effizienter Weg, sich erfolgreich und für den Erfolg zu stimulieren und aufzubauen.

Angst, Sorgen, Frustration

Sorgenanalyse

Millionen Menschen sind mehr oder weniger bedrückt, fühlen sich frustriert. Die wenigsten unternehmen ausreichend Anstrengungen, diesem Zustand zu entkommen. Sie nehmen eine duldende Haltung ein. Oder ein anfänglich eher aggressives Aufbäumen wird sukzessive schwächer, um sich in Depressionen und Verzweiflung zu verlieren.

Frustration ist Lustverlust, aber auch Ablehnung. Verzweiflung beschert Zweifel. Zu starke Konzentration auf sich selbst raubt das Potential an Selbstvertrauen. Ichfixierte erkennen zwar eigene Schwächen. Mit einem schwachen Selbstbewußtsein ausgestattet, glauben sie jedoch einer permanenten Schutzlosigkeit preisgegeben zu sein. In dieser Meinung verharrend, kann der entscheidende Schicksalsschlag nicht ausbleiben. Diese negative Geisteshaltung sucht krampfhaft nach Bestätigung. Aus allem, was getan wird, entstehen erwartetermaßen Probleme.

Katapultieren Sie sich aus dieser duldenden Position heraus. Trachten Sie danach, dem Leben Spaß und Freude abzugewinnen.

Eine klare Analyse läßt Sie das momentane Durcheinander entwirren und bringt Ordnung in Ihre Gefühle. Der analytische Überblick wird Ihnen helfen, echte Sorgen vom falschen Eindruck zu unterscheiden. Es wird klar, wie unnötig und überbewertet die meisten Ängste waren. Zweifel können verdrängt werden. Ihre Selbstsicherheit kann wachsen.

Probleme

Im Grunde gibt es keine Probleme!

Es gibt nur Situationen, die Problemcharakter besitzen. Ein Problem entsteht aus einer Situation. Und nicht umgekehrt!

Denken Sie daran, daß *Sie* den Tag gestalten und nicht der Tag Sie. So wie Sie in den Tag hineinschauen, so ist er.

Die meisten Menschen beginnen jeden neuen Tag voller Sorgen. Sie glauben nahendes Unheil zu verspüren. Nervosität breitet sich aus, Unsicherheit bestimmt Handlungen. Jeder andere wird beneidet. Kein anderer – so reden sie sich ein – hätte solche Sorgen zu tragen. Die persönlichen Sorgen werden zur erdrückenden Last. Die Frage drängt sich auf: «Warum gerade ich?» Selbstvorwürfe beginnen, den kläglichen Rest von Selbstsicherheit und Persönlichkeit zu zerstören. Sie würden durch eine derartige Denkungsweise dem Leben wichtige und unumgängliche Eigenschaften absprechen. Eigenschaften, die Erfahrungen vermitteln und Durchstehvermögen provozieren können.

Vermeiden Sie, sich selbst Komplexe anzuerziehen. Sie sollten Ihren Wert kennen! Komplexe entstehen aus Angst, versagen zu können. Ihre Selbstsicherheit wird von innen ausgehöhlt. Ein Grund mehr, intensiver an der inneren Stabilität zu arbeiten.

Viele Menschen tragen ihre Unsicherheiten zur Schau. Solche Menschen wissen um ihre Komplexe und verkrampfen sich. Dabei manövrieren sie sich zunehmend tiefer in die Angst, als schwach oder unfähig erkannt zu werden. Gegen solche Ängste setzt man am besten Erfolgserlebnisse ein. Jedes Erfolgserlebnis hinterläßt nachhaltige Erinnerungen. Solche Erinnerungen resultieren aus gezieltem Einsatz, bewiesenem Mut zum Risiko, aus überwundenen Schwierigkeiten. So können Sie gewinnen. Jede isolatorische Abkapselung erübrigt sich, denn Sie können es sich leisten aufzutreten.

Hoffnungslosigkeit

Gibt es Situationen, durch die Sie sich überfordert fühlen? Reicht scheinbar Ihre eigene Kraft nicht? Suchen Sie zur Lösung qualifizierte Mitmenschen. Suchen Sie Informationen. Nur Fragen können Antworten erhalten!

Eigentlich gibt es keine hoffnungslosen Situationen. Es sind immer die Menschen, die in einer verzwickten Situation die Hoffnung verlieren!

Menschen, die aufgeben, werden träge, wehleidig, schlecht gelaunt. Die Katastrophe ist da, denn bei der psychisch-physischen Verbundenheit leidet der ganze Mensch. Er fühlt sich unwohl, belastet. Die Sensibilität steigt und führt zur chronischen psychischen Müdigkeit und Anfälligkeit. Die körperliche Erkrankung ist nicht weit, Warnsignale häufen sich. Die Labilität nimmt zu – der Mensch ist stark gefährdet.

Auf einem Kongreß über Zivilisationskrankheiten stellte man fest, daß seelische Anspannungen im Organismus des Menschen quasi Narben hinterlassen. Mißerfolge und Sorgen darüber hinterlassen gravierende Erfahrungswerte. Doch anstatt sie in das Erfahrungspotential verwertbar zu integrieren, werden sie zu seelischen Anspannungen umfunktioniert.

Psychologisch betrachtet, verneinen depressive Kranke belastende Situationen. Darin liegt für viele eine Heilungschance, da ihr Wille den Heilungsprozeß ankurbelt und unterstützt.

Selbstmitleid ist unnütz und kann nicht helfen. Gewünscht wird die nüchterne Einsicht und der Wille zur Zustandsänderung. Eine ausgezeichnete Therapie ist, sich sinnvollen Aufgaben zuzuwenden. Auch sollten gruppenbedingte Hilferufe anderer verstanden werden. Dies hilft, die eigene Haltung zu finden und beweist das Verständnis für Fremdprobleme.

Sie sind für Ihre Gedanken verantwortlich. Und Sie bestimmen deren Qualität. Sie wurden nicht mit Gedanken geboren, sondern lernten Gedanken negativer und positiver Art aufzunehmen. Setzen Sie in der Auswertung Prioritäten. Bestimmte Gedankengänge sind Wiederholungsprodukte. Daraus resultiert für Sie die Möglichkeit, negative Gedanken durch Wiederholung positiver Überlegungen zu überstimmen!

Objektive Betrachtung

Versuchen Sie folgende Aussagen zu speichern:
1. Mir ist bekannt, daß die meisten Sorgen niemals eintreffen.
2. Morgens werden sich meine ersten Gedanken damit beschäftigen, Lösungsmöglichkeiten zu finden.
3. Was kann schlimmstenfalls geschehen?
4. Vorhandene Schwierigkeiten – gleich welcher Art – werde ich voller Gelassenheit abbauen und darüber hinaus versuchen, positive Ereignisse resultativ zu verwerten.
5. Unbequemes werde ich nicht länger als einen Tag meiden und Lösungsvorsätze ohne Verzögerung ausführen.
6. Schwierige Situationen werde ich nicht unbedingt zu «durchqueren» versuchen. Ich werde besser eine «Brücke» bauen, um auf ihr gehen zu können.

7. Sollte es unumgänglich sein, werde ich widrige Umstände beherrscht akzeptieren und verarbeiten.
8. Aus jeder Situation werde ich lernen und Erfahrungen speichern.

Jeder beunruhigende Zustand kann sich beruhigen. Es ist wie in der Natur: «Nach jedem Regen scheint die Sonne!» Geben Sie sich niemals geschlagen. Lieber einmal mehr aufstehen als liegenbleiben!

Der Aufbau

Ein zehnjähriges Kind speichert täglich circa dreihundert Informationen. Unser geistiger Speicher bewahrt die Erinnerungen für den Rest des Lebens auf.

Was der Mensch im Leben an Wissen aufnimmt, lernt er zu achtzig Prozent als Kind.

Wie kommt es, daß das Kind lernaktiver ist?

Die Antwort ist relativ einfach. Das Kind besitzt natürlicherweise die richtige geistige Einstellung! Es ist aufnahmebereit und gibt einem unverbrauchten Wissensdurst nach. Es versucht, Zusammenhänge zu begreifen, und stellt unverkrampft seine Fragen. Es schämt sich seiner Unwissenheit nicht und ist nicht zu bequem, Denkanstöße aufzunehmen und weiterzuentwickeln. Kinder sind noch weit von der «Gestatten, wo lassen Sie denken?-Einstellung» entfernt. Kinder geben der Wissensbegierde nach, versuchen auch selbständig Lösungen zu finden. Das Kind hat noch nicht gelernt, sich seiner Fragen zu schämen – wie Erwachsene. Es stellt erst dann keine Fragen mehr, wenn es etwas begriffen zu haben glaubt.

Dennoch wehrt sich die Erwachsenenwelt gegen solche Fragerei. Sie können solche Bremsversuche täglich beobachten. Viele Kinder fügen sich solchen Versuchen und stellen keine Fragen mehr. Die Stagnation triumphiert. Denn wer nicht mehr fragt, signalisiert geistige Sattheit, möchte nichts mehr wissen. Der Denkapparat stumpft ab. Überlegungen über sich selbst werden leider ebenfalls eingestellt.

Sie besitzen Anlagen zu etwas Besonderem. Wagen Sie die Identifikation mit dem Erfolg. Geistige Fähigkeiten und Kräfte müssen nutzbringend eingesetzt werden. Steuern Sie Ihre Willenskräfte. Jede Willenskraft kann aufbauen, aber auch zerstören!

Die meisten Menschen kennen ihre Schwächen. Sie versuchen, Unsicherheiten zu kaschieren, anstatt sie auszuräumen. Resignation kann überwunden werden. Auch ein zerstörtes Haus kann wieder aufgebaut werden. Sogar besser und schöner denn je. Üben Sie sich in der intelligenten Objektivität. Zweifeln Sie nicht daran, daß Ihr Aufbau gelingen wird. Es ist nicht ungewöhnlich, daß andere Menschen oft mehr an uns glauben, als wir es selber tun. Nehmen Sie deren Ermutigungen an.

Vergleichen Sie es mit Ihren ersten Gehversuchen. Die Eltern bauten Sie auf. Sie stellten Sie auf die Beine – immer wieder. Auch wenn Sie unsicher herumtorkelten und ständig erneut hinfielen. Schritt für Schritt lernten Sie sich fortzubewegen. Unverzagt richtete man Sie wieder auf. Bis Sie es endlich verstanden, alleine zu laufen.

Was wäre wohl mit Ihnen geschehen, hätte man Ihnen jede Hilfe versagt oder ungeduldig geworden wäre? Aber man glaubte an Ihre Lernfähigkeit!

Nehmen Sie also die Hilfe erfahrener Mitmenschen an.

Wie Sie Ihr Leben meistern, *was* Sie aus Ihrem Leben machen, hängt ganz von Ihnen ab.

Begriffe für das Leben

Verhaltensbestimmende Bedürfnisse

Dieser Abschnitt enthält Zusammenfassungen der wichtigsten Lebensregeln. Es geht um Bedürfnisse, etwa physiologische Bedürfnisse wie Essen, Trinken, sexuelles Verlangen und natürlich Atmen.

Weitere verhaltensbestimmende Bedürfnisse sind:

1. Bedürfnis nach Sicherheit
2. Bedürfnis nach Liebe
3. Bedürfnis nach Achtung
4. Bedürfnis nach Selbstverwirklichung
5. Bedürfnis nach Wissen
6. Ästhetisches Bedürfnis.

Dem Bedürfnis nach Liebe muß das Zugehörigkeitsbedürfnis beigeordnet werden. Alle Menschen suchen menschliches Verständnis und Wärme. Ebenso wird der aufgeschlossene und verständnisvolle Zuhörer gesucht. Der Mensch sucht den Gleichklang.
Der innere Drang nach Selbstverwirklichung richtet sich nach Fähigkeiten, die man zu besitzen glaubt. Dieser dringliche Wunsch stellt eine starke Motivation dar.
Die Erfüllung des Wissensbedürfnisses setzt den Willen voraus, verstehen zu wollen. Oberflächliches Wissen ist ungenügend, denn Hintergründe und Ursachen bleiben verschleiert.
Ästhetische Bedürfnisse drücken sich im Wunsch nach Reinlichkeit, Ordnung und Schönheit aus.

Regelhilfen zur positiven Einstellung

Sie erinnern sich an die Feststellung, daß Ihr Leben das Spiegelbild Ihrer Gedanken ist! Sie wissen, daß es Möglichkeiten zur positiven Selbsterziehung gibt. Die folgenden grundsätzlichen Charaktereigenschaften eines positiven Menschen können Ihnen helfen, sich selbst zu überprüfen.

1. Genügsamkeit
2. Ruhe / Ausgeglichenheit
3. Planung / Selbstkontrolle
4. Durchstehvermögen
5. Sparsamkeit / Wirtschaftlichkeitsdenken
6. Eifer
7. Gerechtigkeit
8. Ehrlichkeit
9. Güte
10. Selbsterhaltung

Anspruchsvollen Aufgaben setzt man am besten Ausgeglichenheit und Ruhe entgegen. Arbeiten Sie planvoll und suchen Sie ein wirtschaftliches Leistungstempo. Verfolgte Planung garantiert einen geregelten Ablauf gewünschter Geschehnisse.

Sparsamkeit ist nicht mit Geiz zu verwechseln. Sparsamkeit ist Einteilung. Geiz kann Verschwendung sein, da fehlende Investitionsbereitschaft den Gewinn ausschließt. Wer kann es sich leisten, Gewinne auszuschlagen?

Eifer muß kontrolliert eingesetzt werden. Blinder Eifer erhöht die Fehlerquote. Kopflosigkeit in der Zielverfolgung läßt Abkürzungen übersehen. Nutzen Sie Ihre Zeit, sonst wird sie gegen Sie arbeiten.

Sie werden offene und versteckte Ungerechtigkeiten kennenlernen. Werden Sie nicht aggressiv. Nur scheinbar behalten Ungerechtigkeiten die Oberhand.
Akzeptieren Sie aber niemals schweigend unrechte Auffassungen. Und verfolgen Sie bei sich selbst den Hang zu Ungerechtigkeiten. Sie wären nicht besser als jene, die Sie bislang anklagten.

Unwahrheiten führen in den Abgrund, und kein Lügennetz vermag Sie aufzufangen. Sie stürzen und verlieren! Ehrlichkeit ist kein Luxus, sondern eine Notwendigkeit.

Güte steigert Ihre Beliebtheit und hilft Freunde zu gewinnen. Vermeiden Sie aber die Extreme! Güte darf nicht in trottelhafte Gutmütigkeit ausarten. Und Güte ist kein Grund, Unrecht zu übersehen oder zu entschuldigen.
Beurteilen Sie gerecht – urteilen Sie gütig!

Der Selbsterhaltungstrieb diktiert Ihre Aktionen. Dieser Grundtrieb bewahrt Sie davor, sich einfach untergehen zu lassen. Bewahren Sie Ihre positive Geisteshaltung, das wird Sie stärken und erhalten.

Der Wert bestimmt den Erfolg, und der Erfolg den Wert!

«Übermensch» und Mensch

Das Verhältnis der Menschen zueinander bricht auf und verliert sich nur zu oft in vielen gegensätzlichen Verhaltensweisen. Der Gemeinsinn löst sich rasch auf. Zwischenmenschliche Beziehungen leiden. Kommunikationen werden zum mißtrauischen Vergleich. Einzelne überschätzen sich, andere unterschätzen sich. Die «Überschätzer» leiten ihre Selbstüberzeugung häufig von Herkunft und Erziehung ab. Und genügt das nicht, protzen sie mit einem oberflächlichen Wissen und stellen sich auf den Schemel der Blenderei. Das Individuum aus solchen Kreisen besteht oftmals nur aus Titel, lebensfremdem Wissen, rücksichtslosem Gewinnstreben, Vergnügungssucht und ausgeprägtem Egoismus. Eine Einzelanalyse würde das Bild eines schwer komplexbeladenen Menschen bestätigen. Der «Übermensch» besitzt plötzlich Schwächen. Je lauter und unangebrachter seine Aussagen, je extremer und überflüssiger seine Aktivitäten, desto größer seine Komplexe. Fast eine Faustregel.

«Übermenschen» verweisen mit Vorliebe auf ihre Gescheitheit und Bildung. Aber: Man kann auch *verbildet* sein!

Nur durch Zusammenarbeit arbeitet der Mensch für den sinnvollen Fortschritt.

Der Mensch möchte gern seinen Platz zu weit vorne einnehmen. Doch nicht jeder ist prädestiniert, ein Führer zu sein. Dagegen kann jeder unentbehrlich sein.

Hören Sie auf Notrufe Ihrer Mitmenschen. Jemand sagte einmal, daß die menschliche Rasse nicht dazu ausgerichtet ist, die Starken von Gewinnen fernzuhalten, sondern die Schwachen vor Verlusten zu schützen!

Sie bestimmen Ihren persönlichen Horizont. Sie können nicht größer werden als das «Gefäß», das Sie sich erwählen. *Sie* zeichnen für Ihren Erfolg oder Mißerfolg verantwortlich. Und nicht der Beruf, der Arbeitgeber, die Kollegen, nicht der Staat und nichts anderes. Sie selbst sind es!

Größe

Ein Gärtner steckte einen kleinen Kürbis in eine Ballonflasche. Der Kürbis wuchs. Bis er die gesamte Flasche ausfüllte und deshalb sein Wachstum einstellte. Als nun der Kürbis reif war, mußte der Gärtner die Flasche zerbrechen, um den Kürbis ernten zu können. Der Kürbis hatte die Form der Flasche angenommen.

Die meisten Menschen steckten sich selbst in ein «Gefäß». Nur wählen sie meist ein zu kleines. Die angenommene Enge verhindert das weitere Wachstum. *Sie* wählen Ihren Lebensraum!

Die Annahme, einen Grenzpunkt erreicht zu haben, sollte Anlaß zur Planung des nächsten Schrittes sein. Setzen Sie sich eine entferntere Grenze. Wagen Sie es, denn Sie sind frei und ungebunden. Fesseln, die Sie zu spüren glauben, existieren nicht tatsächlich. Loten Sie ungehemmt Ihre Möglichkeiten aus.

Es ist wie mit einem kleinen Elefanten, der frühzeitig an einen großen Pflock gebunden wird. Er gewöhnt sich an den Strick und akzeptiert, daß der Pflock Mittelpunkt seines Bewegungsraumes ist. So wächst er auf und wird größer und stärker. Längst besäße er die Kraft, den Pflock herauszureißen. Aber diese Möglichkeit zieht er nicht in Betracht, das widerspräche seinen Gewohnheiten. Er unternimmt keinen Versuch, den akzeptierten Raum zu überschreiten. Seiner Kraft nicht bewußt, tritt er auf der Stelle.

Kennen Sie Ihre Kraft? Befinden Sie sich innerhalb eines akzeptierten Raumes? Könnten Sie Ihren Horizont ohne großen Kraftaufwand überschreiten?

Positive Gefühle

Positive Gefühle, die Ihren Lebensinhalt mitgestalten, sind:

1. Verlangen
2. Sex
3. Vertrauen
4. Begeisterung
5. Hoffnung
6. Liebe

Diese Gefühle existieren, um beansprucht zu werden. Deshalb wurden sie in Sie hineingelegt. Gehen Sie sorgsam damit um, wie mit wertvollen Geschenken.

Vermeiden Sie, diese Gefühle übereilt und unüberlegt einzusetzen. Diese Gefühle besitzen ein wichtiges Mitspracherecht in der menschlichen Natur. Sie sollten nicht eine dieser Empfindungen verkümmern lassen, sondern nach Kräften fördern.

Was ist für Sie wichtig?

Bitte denken Sie ernsthaft über den Sinn jeder einzelnen Aussage nach.

1. Die mächtigste Barriere:
   Angst

2. Die schönste Zeit:
   der heutige Tag

3. Die sinnloseste Angewohnheit:
   übertriebene Eitelkeit

4. Die wertvollste Gabe:
   Toleranz

5. Der schwerste Verlust:
   Verlorenes Selbstvertrauen

6. Die größte Zufriedenstellung:
   Das Erfolgserlebnis

7. Die wichtigste Notwendigkeit:
   überlegter Gebrauch des Verstandes

8. Der nachhaltigste Irrtum:
   Sich selbst aufzugeben

9. Die schönste Einrichtung:
   Wahre Liebe

10. Der tiefste Graben:
    Ausgeprägter Egoismus

11. Die verwerflichste Niedertracht:
    Jeglicher Neid

12. Die geringste Schwierigkeit:
    Vorurteile

13. Der unliebsamste Mensch:
    Der notorische Kritiker

14. Der geheimnisvollste Zeitpunkt:
    Die Todesstunde

15. Der Allwissende:
    Dein Gott.

Grenzen

Menschliches Niveau

Kinder singen frei und ungehemmt, nach Herzenslust. Zwanzig Jahre später behaupten sie, nicht mehr singen zu können oder keine gute Stimme zu besitzen.

Eines von vielen möglichen Beispielen für die wandlungsfähige Einstellung zu eigenen Talenten. Warum reagiert der Mensch so? Warum werden natürliche Begabungen verleugnet?

Der Mensch baut Hemmungen auf und flüchtet in diesem Fall in eine angenommene Talentlosigkeit. Auch aus Angst, man könnte ihn testen und beanspruchen. Also stärkt er selbsterrichtete Barrieren. Er disqualifiziert sich. Dadurch meint er, sich neutralisiert zu haben und Anforderungen zu entkommen. Denn er ist ja nicht leistungsfähig.

Durch solche Phrasen bleiben Talente unentdeckt. Die Bewunderung für andere Menschen aber, die die Selbstlüge ablehnen, bleibt bestehen. Warum bewundert man nicht sich selbst?

Grenzen werden zu eng gesetzt. Das Feld soll möglichst überschaubar bleiben. Darüber hinaus im voraus errechenbar, kontrollierbar, risikolos, problemlos, unkompliziert. Da man Angst hat, den Überblick zu verlieren, begnügt man sich mit der Enge, die weniger Ansprüche stellt. Einige brechen aus dieser beengten Schematisierung aus. Sie werden bestenfalls ausgelacht, beschimpft oder ignoriert. Reaktionen auf den Versuch einzelner Individualisten, eigene und erfolgversprechende Wege zu finden. Davor aber fürchtet sich die Umgebung. Lieber bleibt man so wie die anderen! Außenseiter pflegen aufzufallen. Dazu zählt auch der Leistungsstarke.

Verdient ein Schlosser durch besonderen Einsatz und Kreativität so viel wie ein Direktor, wirft er Prinzipien einer Gesellschaftsordnung um. Offenbar ist es ungehörig, das statistische Bruttoeinkommen pro Kopf zu überschreiten. Der Außenseiter gibt Rätsel auf. Gerüchte über Lottogewinne oder Gaunereien scheinen glaubwürdiger zu sein. Daß schlichtweg bestimmte Grenzen durch Leistung überwunden wurden, kann man nur schwerlich glauben.

Freilich, die Einsicht, daß Ideen und Arbeit unserem Schlosser zum großen Sprung verhalfen, würde eigene Schwächen offenbaren. Das kann nicht gutgeheißen werden. Es ist einfacher, sich in vagen Vermutungen zu äußern.

Der Mensch wird weiter lernen müssen, heute ungewöhnliche und unpopuläre Verhaltensweisen schon morgen in sein Normdenken einzubeziehen. Neue Erkenntnisse schaffen neue Verhaltensnormen. Und die Auswirkungen könnten für heutige Verhältnisse extrem sein.

Leistungsdaten

Das menschliche Gehirn selbst bietet jedem großartige Möglichkeiten, sofern er den Willen besitzt, seine persönlichen Grenzen hinauszuschieben.

Nur rund ein Zehntel des Cortex im menschlichen Gehirn wird beim gesunden Menschen beansprucht. Albert Einstein soll nur circa 1 % seiner geistigen Kapazität mehr ausgenutzt haben als der Durchschnittsmensch. Welch ungeahnte Möglichkeiten müßte ein zusätzlich beanspruchtes Zehntel des Cortex vollbringen können?! Ob es möglich wäre, Krankheiten wegzudenken?

Folgende Erkenntnis ist nicht neu. Ist im Körper die Zirkulation, Assimilation und Stimulation ausgeglichen, setzt der Selbstheilungsprozeß ein. Der Mensch aber handelt diesem Vorgang zuwider und stört die körperliche Abstimmung durch manipulierende Eingriffe. Dabei ist sein natürliches Leistungsvermögen enorm:

- Bis zu zwanzig Minuten kann der Mensch ohne Herzschlag lebensfähig bleiben.

- Ein Mensch kann 150 m tief tauchen und hierbei einen Druck von etwa 15 Atmosphären ertragen.

- Wenn auch nur kurzzeitig, so kann der Mensch eine Lärmbelästigung von 130 Dezibel ertragen.

- Auch in einer Höhe von gut 8800 m kann ein Mensch ohne Sauerstoff überleben.

- Gegebenenfalls kann ein Mensch 115 Stunden ohne Schlaf auskommen.

- Er kann unter günstigen Voraussetzungen 22 Tage ohne Wasser und 75 Tage ohne Nahrung sein!

Sicher wird es eines Tages möglich sein, nicht nur, wie gegenwärtig, die Gehirntätigkeit zu registrieren, sondern auch die Gedanken. Noch vor weniger als hundert Jahren, wären derartige Prognosen als völlig unglaubhaft abgetan worden. Manch einer ahnt, wie grundsätzlich klein der Mensch den grandiosen Möglichkeiten gegenübersteht, die ihm die Zukunft zuteilen wird.

Wo sind dem Menschen endgültige Grenzen gesetzt?

Die menschliche Veranlagung will Grenzen sprengen. Doch nur wenige sind ambitioniert, ungewöhnliche Leistungen zu bringen. Prüfen Sie Ihren persönlichen Grenzverlauf. Selbstkritisch werden Sie die bedrückende Enge, in der Sie bisher lebten, erkennen. Gestehen Sie sich mehr Lebensraum zu. Es ist ein Irrtum zu glauben, jeder ausholende Schritt brächte Sie in eine Außenseiterposition. Erfolg ist kein Außenseiter – er ist der Mittelpunkt!

Legen Sie das Ich-kann-nicht-weiter-Denken ab. Sie werden erstaunt sein, wie weit sich auch Ihr Horizont verlegen läßt.

Gehirnfunktionen und Erläuterungen zur Wissenschaft

Das menschliche Gehirn ist der letzte, unentdeckte Kontinent. Dieser «Kontinent» hält unfaßbare Reichtümer bereit. Zweifelsohne stehen wir erst am Beginn einer großartigen Entwicklung. Der Mensch wird lernen, sein Gehirn maximal einzusetzen.

Die Funktionen des Gehirns sind:
1. Informationen aufnehmen
2. Informationen speichern
3. Analytisch denken
4. Reagierende Impulsgebung.

Eine Veranlagung des Gehirns ist es, die Vorstellungskraft auszubilden. Doch gibt es Aussagen, die undurchdacht bleiben und einfach übernommen werden. So übt sich der Mensch gegenüber wissenschaftlich beweisbarem Material vorwiegend in kritikloser Akzeptanz. Proklamationen, die nur ein theoretisches Gebilde, also ein geistiges Bauwerk sind, aber nicht weniger glaubwürdig sein müssen, werden häufig schlichtweg abgelehnt. Nach dem Motto, daß das, was nicht wissenschaftlich beweisbar bzw. nachweisbar ist, nicht sein kann. Dabei wird großzügig die Lückenhaftigkeit im Rhythmus der wissenschaftlichen Nachweis- bzw. Beweiskette übersehen. Es bleibt dabei – auch die Wissenschaft kann irren. Dazu ein Beispiel:

Fachleute behaupten, daß nach aerodynamischen Gesetzen die Hummel nicht fliegen kann. Ihr Körper ist zu groß und zu schwer für die zierlich beschaffenen Flügel, die diesen nicht zu tragen vermögen. Dennoch, die Hummel fliegt, wie wir alle wissen!

Spötter allerdings einigen sich auf eine ironische Lösung des Geheimnisses: Die Hummel fliegt, so behaupten sie, weil sie nicht nachlesen kann, daß sie es nicht kann.

Das Adjektiv «wissenschaftlich» weist auf bestimmte Voraussetzungen hin. Immer in bezug auf bestimmte Denkschemata und Forschungsmethoden, die durchaus angreifbar sein können.

Was wissen wir schon über die Möglichkeiten, die im menschlichen Gehirn schlummern. Erst einmal müssen wir die komplizierten Mechanismen begreifen.

Da ist vieles noch zu tun.

Denken Sie daran, Ihren Verstand als unbestechlichen Kontrolleur einzusetzen. Beweisen Sie, daß Sie nicht bereit sind, blind wissenschaftsgläubig jede Meinung von sogenannten «Autoritäten» zu übernehmen.

Raum und Zeit

Räumliche und zeitliche Grenzen können weit gesteckt sein. Großartige Leistungen kann der Wille des Menschen vollbringen. Der lange Marsch zu einer der Traumgrenzen hat bereits begonnen.

Das Milchstraßensystem wird auf ein Alter von circa dreizehn Milliarden Jahren geschätzt. Zweihundertfünfzig Milliarden Sterne formieren sich zu einer «Scheibe».

Der Mensch begreift allmählich, daß er als solcher ganz und gar nicht die absolute Krönung der Schöpfungsgeschichte darstellen muß.

Wir Menschen bemühen uns, die bisherige Akzeptanz einer kosmischen Quarantäne durch Erfahrungen und Aktivitäten zu ersetzen. Konsequent, wie wir veranlagt sind, beginnen wir riesige Entfernungen – die uns von anderen Sonnensystemen trennen – zu überwinden.

Auch die Kenntnis, daß die Galaxis Milchstraße einen Durchmesser von einhunderttausend Lichtjahren hat, entmutigt uns nicht.

Sogar skeptische Rechner kommen zu dem Ergebnis, daß allein unsere Galaxis Milchstraße wenigstens eine Million Planeten beherbergt, die sich auf der gleichen oder einer höheren Entwicklungsstufe wie unsere Mutter Erde befinden. Diese Einsicht wiederum spornt uns zu großem Forschungsaufwand an.

Die Angst vor dem Mars verloren wir bereits. Sollten Prognosen von Experten eintreffen, wonach uns außerirdische Lebewesen längst im Visier haben und an uns herantreten werden, würde uns Menschen viel Aufwand erspart bleiben, um solche Kontakte herzustellen. Friedliche Besuchsabsichten vorausgesetzt, könnte man uns Menschen praktischerweise rasch das kleine Galaxis-Einmaleins beibringen. Bliebe die Frage, ob und wie wir Menschlein diesen enormen Wissensschub verkraften würden.

Nun, warten wir ab. Greifen wir der Zukunft nicht vor. Bewiesen aber ist, daß der Mensch auch unter schwierigsten Bedingungen Grenzen zu sprengen vermag.

Es muß nur die notwendige Motivation gegeben sein!

Schlußwort

Dieses Schlußkapitel möchte mehr sein als das übliche und symbolische Schulterklopfen in Du-schaffst-es-schon-Manier.

Sie entschieden sich für den Erfolg. Also werden Sie diese Zeilen verstehen. Der Abschluß dieses Werkes kann gleichzeitig den Anfang Ihres ganz persönlichen Weges markieren. Zwar mögen Sie erst beginnen. Doch Sie besitzen genügend brauchbares Werkzeug, um Ihren Erfolg zu zimmern. Dieser Vorteil sollte Sie froh stimmen. Jeder kleinste Zweifel sollte zur Gewißheit umgestaltet werden, daß Sie jedes Ziel erreichen können.

Es ist Ihr persönlicher Anfang. Und nur Sie können beurteilen, wo dieser Anfang ist.

Ihnen stellt sich die Aufgabe, den Grad Ihrer Lebensreife jederzeit selbst zu bestimmen. Versuchen Sie, dem Leben ein Optimum an Erfahrungen abzugewinnen. Zum Ausbau Ihrer positiven Einstellung ist Selbstkonzentration erlaubt. Besser Sie gewinnen dadurch eine positive, als einhundert negative Einheiten. Ihr Verständnis für eine aufbauende Philosophie muß erhalten bleiben. *Ihr* Erfolg bestimmt die für Sie gültige Norm!

Gelegentlich betreiben wir eine Sportart oder trainieren sogar regelmäßig, um unsere Körpermuskulatur zu stählen. Wir finden es schick, fit zu sein. Finden wir es auch schick, ein regelmäßiges Verstandestraining durchzuführen?

Erfolg ist Zeit- und Energieinvestitionen wert!

Bei normalem Tagesablauf stehen uns täglich mindestens 15 Stunden Wachzeit zur Verfügung. Es sollte also möglich sein, täglich eine Stunde Wachzeit für das Verstandestraining zu erübrigen.

Denken Sie daran, daß gerade Mißerfolge den Weg zum Erfolg deutlich markieren. Viele Menschen würden sich Ihre guten Voraussetzungen wünschen. Schätzungsweise eine Milliarde Menschen würden allein im Tausch gegen Freiheit und persönliche Entfaltungsmöglichkeiten ihren bisherigen Lebensstandard aufgeben.

Leben Sie jeden Tag erfolgreich. Reihen Sie diese Tage aneinander. So wird sich eine Zeitkette zum Erfolg entwickeln.

Auf Dauer dürfte es kaum befriedigen, euphorische Anwandlungen mit wahrer Zufriedenheit zu verwechseln. Absolutes Wohlbefinden kann gewiß als Glück verstanden werden. Doch von der fatalen Ansicht, daß Glück gleich Geld sei, sollten Sie Abstand nehmen. J. Paul Getty auf die Frage, was ihn am glücklichsten gemacht habe: «Es hat nichts mit Geld zu tun. Vielleicht ein Spaziergang.» Ein reicher Mann, der so sprach.

Geld kann ein hervorragender Diener sein. Aber genauso ein miserabler Herr!

Dinge, die Geld kosten, sind meist ersetzbar. Ist Ihr Verstand ersetzbar?

Ist die Seele käuflich zu erwerben?

Werden Träume per Katalog angeboten?

Ist Hoffnung nicht kostbarer als alles Geld?

Körper, Verstand, Seele, Träume, Hoffnung, all das sind Besitztümer, die nicht mit Geld erwerbbar oder aufzuwiegen sind. Dennoch sind sie am kostbarsten.

Kein Mensch kann reich werden, ohne andere direkt oder indirekt mitzubereichern. Indem Sie anderen helfen, erfolgreich zu werden, helfen Sie sich selbst am meisten. Eine positive Reflexion. Gebrauchen Sie dieses System. Es liegt in der gemeinschaftlichen Aktion begründet. Verfallen Sie nicht der Fehlmeinung, der Mensch wäre geschaffen solitär – also einzeln – zu leben.

Sie sind eine *Person*. Lateinisch personare, was soviel bedeutet wie *hindurchklingen*. Versuchen Sie auf Menschen einzugehen, hindurchzuklingen. Motivieren Sie!

Jeder erfolgreiche Verkaufsvorgang hängt von der Kunst ab, die eigene Überzeugung verständlich zu machen und übertragen zu können.

Einem rücksichtslosen Gewinnstreben steht die Erkenntnis gegenüber, daß *dienen* vor verdienen kommt. Dienen muß nicht katzbuckeln bedeuten. Zumal eine kauernde Stellung eine sehr beschränkte Perspektive entstehen läßt.

Wir stellen unsere Uhren gerne nach den Uhren anderer. Damit gehen wir das Risiko ein, nach der verkehrten Zeit zu leben.

Teilen Sie sich Ihr Leben klug und selbständig ein. Verlorene Zeit kann niemals zurückgewonnen werden. Warten Sie auch nicht auf den zufälligen Glückstreffer. Um mit Moltke zu sprechen: «Glück hat auf die Dauer nur der Tüchtige.»

Buchstabieren Sie Glück: *Arbeit*.

Ihre Chancen stehen gut, nämlich eins zu eins: Sie gegen sich selbst!

Gibt es eine größere Chance? Das größte Hindernis ist jeder für sich selbst. Vergeuden Sie keine Zeit, denn Zeit ist die Straße des Lebens. Die Ziele sind Ihre Kilometersteine.

Sie sollten antriebslose Menschen von Ihren Erfahrungen profitieren lassen.

Jedes Leben verläuft in Kurven. Das einzig Konstante im Leben ist das Unkonstante!

Verbindende Philosophie

Das Leben ist ein faszinierendes Spiel.

Dieses Buch mit seinen Lektionen und Anregungen enthält wichtige Spielregeln. Eigentlich möchten es eindringliche Empfehlungen sein. Denn was sich unzählbar oft bewährt hat, verdient Beachtung.

Sie sollten die Kontrolle über Ihr Leben behalten. Nutzen Sie dabei die Zeit. Denn das Leben ist die Summe der Zeit.

Manches Geschehnis wird sich als unlösbares Rätsel herausstellen. Zusammenhänge werden Ihnen verborgen bleiben. Fügen Sie sich dann verständnisvoll. Alles im Leben hat einen Sinn und nicht immer verstehen wir ihn.

Hören Sie niemals auf, Zusammenhänge erkennen zu wollen. Sie als Individuum können die Fußnote für wichtige Abläufe sein. Ihr Verständnis entspricht den Richtlinien einer verbindenen Philosophie.

Die Philosophie der positiven Einstellung macht Sie stark. Sie brauchen diese Stärke, denn Aufgaben erwarten Sie. Weichen Sie diesen Anforderungen nicht aus!

Wenn Menschen wie Sie – Menschen mit positiver Lebenseinstellung – die Anforderungen nicht erfüllen, wer sonst?

Ihr Einsatz wird durch persönlichen Erfolg belohnt. Allein zu wollen, genügt nicht. Es muß getan werden!

Sie sind heute das, was Sie darstellen. Und morgen das, was Sie sein wollen!

Lernprogramme

Georg R. Bach/Laura Torbet
Ich liebe mich – ich hasse mich
Fairness und Offenheit im Umgang
mit sich selbst (7891)

Maren Engelbrecht-Greve/Dietmar Juli
Streßverhalten ändern lernen
Programm zum Abbau psychosomatischer
Krankheitsrisiken (7193)

Wayne W. Dyer
Der wunde Punkt
Die Kunst, nicht unglücklich zu sein.
Zwölf Schritte zur Überwindung der
seelischen Problemzonen (7384)

G. Hennenhofer/K. D. Heil
Angst überwinden
Selbstbefreiung durch Verhaltenstraining
(6939)

Rainer E. Kirsten/Joachim Müller-Schwarz
Gruppentraining
Ein Übungsbuch mit 59 Psycho-Spielen,
Trainingsaufgaben und Tests (6943)

Gerhard Krause
**Positives Denken –
der Weg zum Erfolg**
13 Bausteine für ein erfülltes Leben
(7952)

Eine
Auswahl

Walter F. Kugemann
Lerntechniken für Erwachsene
(7123)

Michael P. Nichols
40 werden
Die zweite Lebenshälfte als Chance zur
Veränderung (8425)

sachbuch

C 2177/2

Lernprogramme

Eine Auswahl

Kurt Werner Peukert
Sprachspiele für Kinder
Programm für Sprachförderung in
Vorschule, Kindergarten, Grundschule und
Elternhaus (6919)

Friedemann Schulz v. Thun
Miteinander reden
Störungen und Klärungen. Psychologie
der zwischenmenschlichen
Kommunikation (7489)

L. Schwäbisch/M. Siems
**Anleitung zum sozialen Lernen für
Paare, Gruppen und Erzieher**
Kommunikations- und Verhaltens-
training (6846)

Martin Siems
Dein Körper weiß die Antwort
Focusing als Methode der Selbsterfahrung.
Eine praktische Anleitung (7968)

F. Teegen/A. Grundmann/A. Röhrs
Sich ändern lernen
Anleitung zu Selbsterfahrung und
Verhaltensmodifikation (6931)

Allan Watts
OM
Kreative Meditation
(7882)

Brigitta Wistrand
Dies ist mein Leben
Persönliche Selbstentfaltung und
beruflicher Erfolg (8337)

rororo sachbuch

C 2177/3 a

rororo sachbuch

C 2163/4

Gesundheit!

Eine Auswahl

rororo sachbuch

C 2164/3

Gesundheit!

Eine
Auswahl

rororo sachbuch

C 2164/3 a

Ernährung

SACHBUCH
rororo

C 2104/3